조선 갈등사

당신이 원했던

어쩌면

왕들의 사사로운 이야기를 들춰 보다

어쩌면 당신이 원했던 조선 갈등사

신정훈 지음

Booksgo

프롤로그

당신이 원했던 조선 이야기를 들춰 보다

학교를 졸업함과 동시에 교과서에서 배웠던 한국사 내용은 모두 까먹는다. 사람들과 대화하다가 어디선가 들어본 사건이고, 유명한 인물이기는 한데 정확히는 몰라 이야기가 끝날 때까지 가만히 입을 다문다.

역사가 중요하다는 사실을 알지만 우리는 왜 자꾸만 역사가 어렵다는 생각을 하게 될까. 학창시절 시험을 위해 역사를 암기 과목마냥 달달 외웠으니 '한국사'라고 하면 많은 학생들에게 지루하고 재미없는 과목으로 인식되었고, 그 학생들이 어른이 되어 다시 역사 공부를 시작하려 하지만 어디서부터 손을 대야 할지 막막함에 가로막혀 끝내 포기하고 만다.

역사는 알면 알수록 굉장히 흥미로운 분야다. 오랫동안 정권을 잡은 기득권층의 부패라든지, 지도자와 권신들의 명과 암의 모습은 과거에만 국한되어 있지 않다. 과거에 발생한 여러 갈등들이 지금 현대에서도 비슷한 양상으로 나타나고 있다. 이처럼 역사를 단순한 과거의 기록으로 생각하는 것에 그치지 않고 우리 삶에 있어서 지혜로운 반면교사로서 이해한다면 막막하기만 했던 역사가 쉽고 재미있게 느껴질 것이다.

이 책에서는 딱딱한 설명 위주의 글이 아닌 잘 알려지지 않은 조선 왕실의 사랑과 욕망, 그리고 갈등을 위주로 그렸다.

조선을 알아가는 데 있어 가장 중요한 포인트는 왕실과 신하들이 만들어가는 갈등을 이해하는 것이다. 왕조 시대에 나라의 주인은 '임금'이었다. 그러나 왕족 또한 우리와 같은 사람이기에 아내를 사랑하거나 미워하고, 사사로운 일에 휘둘리기도 하는 지극히 인간적인 일들을 겪었다.

그렇지만 그들이 우리와 다른 점이라고 한다면 왕이 가진 권력으로 인해 단순한 사랑싸움조차 조정의 분위기를 반전시킬 만한 사건으로 확대되기도 했다는 점이다. 왕의 부부싸움 속에서 한 당파가 몰락해 많은 신하들이 죽임을 당하기도 했고, 집권당이 되어 부와 권세를 누리기도 했다.

왕의 일상에는 권력이 녹아 있었기에 이들의 갈등을 들춰 보면 역사의 흐름을 이해할 수 있다.

책에 담긴 내용들은 유튜브 '아그래' 채널에서 많은 구독자들에게 호응을 얻은 '한국사 요약 시리즈'와 '인물 사전'을 결합하여 만들어졌으며, 유튜브에서 담지 못했던 풍부한 에피소드들과 표현들을 추가해 색다른 재미를 느낄 수 있을 것이다.

다만 한 가지 오해하지 말아야 할 점은 이 책이 역사의 모든 면을 담고 있지 않다는 점이다.

꽤나 자극적인 갈등을 소재로 조선의 건국부터 멸망까지 그 일련의 과정을 비교적 이해하기 쉽게 다루고자 했다. 또한《조선왕조실록》을 꼼꼼히 검토하여 팩트 체크에 심혈을 기울였으니 당시 상황을 유추하며 조선 이야기에 더욱 몰입할 수 있을 것이다.

《어쩌면 당신이 원했던 조선 갈등사》를 통해 그 어디에서도 볼 수 없었던 쉽고 재미있는 역사 이야기를 만들고 싶었다. 역사 속 인물들의 인간적인 면모와 이를 둘러싼 권력 다툼, 갈등이 '어쩌면 당신이 원했던' 조선의 이야기이지 않을까 기대해 본다.

신정훈

일러두기

이 책에서 사용된《조선왕조실록》외 사료들은 독자들의 이해와 흥미를 높이기 위해 원문의 내용에 저자의 해석을 더하여 표현하였습니다.

1장

타락한 고려 말, 구세주의 등장

역사를 둘러보면 멸망한 국가들에는 공통점이 존재한다. 인간의 지나친 욕심에서 비롯한 기득권층의 오랜 집권이 곧 부패와 타락으로 이어진다는 사실이다. 한반도의 역사 또한 다르지 않았다.

세상을 지배한 원나라의 간섭이 극에 치달은 고려 말, 80년의 긴 시간 동안 원의 간섭으로 고려에서는 원나라에 빌붙는 친원파인 권문세족들이 득세하게 되었다. 왕건이라는 불세출의 영웅이 건국한 고려도 어느새 본인의 부와 권세만을 생각하는 권문세족들에 의해 망가질 대로 망가진 상태였다. 그들의 횡포에 고통 받는 자는 언제나 백성들이었다.

그러나 캄캄하기만 할 것 같던 고려의 국운에 한 줄기 빛이 등장했다. 그가 바로 공민왕이다.

고려의 모든 왕은 어릴 적 원나라에 볼모로 잡혀 있어야 했다. 거기에 더해 나이가 들면 원나라 공주에게 장가를 들어야만 했던 것이 아무 힘없는 고려 왕실의 신세였다. 그러한 처참한 현실 속에서도 굴하지 않았던 공민왕. 타락한 고려를 다시 일으켜 세우고자 그는 굳게 다짐했다.

"썩어빠진 권문세족과 원의 세력을 몰아내고 자주적인 고려를 만들겠어!"

개혁에 강한 의지를 품으며 자신을 지지해줄 새로운 세력을 찾아 나섰다. 바로 신진사대부. 신진사대부의 대표적인 인물인 정도전과 정몽주는 고려의 마지막 구세주인 공민왕과 함께 새로운 세상을 꿈꾸기 시작했다.

이때 누구보다 공민왕의 든든한 버팀목이 되어준 이가 그의 사랑하는 아내인 노국대장공주였다. 고려 왕은 원나라 공주와 결혼해야만 했기에 원나라의 공주들은 하나같이 원의 스파이가 되어 고려 왕을 감시하고 괴롭혔지만, 그녀는 달랐다.

"저는 고려에 시집왔으니 고려인이며 마땅히 고려의 풍속을 따르겠습니다."

원나라를 배척하는 정책에 반대하기는커녕, 오히려 든든한 지원군이 되어준 그녀는 원의 스파이가 되기보다는 공민왕의 반려자 길을 택했다. 그녀의 뜻에 끝없는 고마움을 느끼며 평생 노국대장공주만을 사랑하겠노라 맹세한 공민왕이었다.

이 맹세가 고려 멸망의 원인이 될 것이라는 것을 모른 채.

사랑은 상상을 초월하는 힘을 가지고 있다. 아무리 고통스럽고 괴로운 길이라도 사랑은 그것을 극복할 수 있는 힘을 준다. 하지만 반대로 한 사람의 전부였던 사랑을 잃는다면 그만큼 상실감은 헤아릴 수 없이 잔혹하다.

공민왕이 그러했다. 모든 정치적 어려움을 이겨낸 그였지만, 그의 전부였던 노국대장공주를 잃은 뒤 그는 빛을 잃었다.

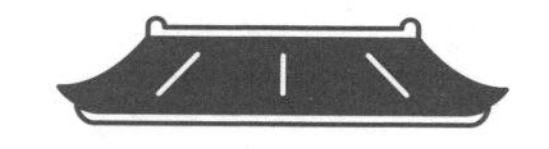

변태성욕자가 된 고려의 왕

결혼생활 15년 만에 드디어 임신하게 된 노국대장공주. 그동안 왕실에서는 후사가 없는 것이 큰 걱정이었기에 그녀의 임신은 크나큰 축복이었다. 무엇보다 공민왕이 가장 기뻐했음에 틀림없었으리라.

하지만 1365년, 야속하게도 노국대장공주는 출산 도중 아이와 함께 그만 생명을 잃는다. 그녀와의 갑작스러운 이별로 인해 공민왕은 더 이상 개혁의 의지도, 살아야 할 이유도 찾을 수 없게 되었다. 앞으로 오직 비극만이 남아 있었다.

그녀를 잊지 못해 공민왕은 매일 그녀의 초상화를 그렸다.

그림이 마치 살아 있다는 듯 마주보며 식사하기도 하고, 대화를 나누는 모습을 보였다. 그러다 갑자기 슬피 울기도 하고, 3년 동안은 아예 고기도 먹지 않았다. 이때부터 고려의 유일한 구세주의 모습은 온 데 간 데 없이 공민왕은 믿을 수 없을 만큼 미쳐 버리게 되었다.

신진사대부와 함께 꿈꿨던 개혁 의지는 이미 사라진 지 오래였다. 정사는 내팽개쳐두고 그는 온갖 기행을 저지르게 된다. 슬픔에 젖은 채 오직 아내의 영전 건설에 막대한 돈과 인력을 쏟았고, 이에 국고가 남아나지 않게 되어 백성들에게서 극심한 원성을 사게 되었다. 이후 점점 정신병이 심해진 그는 방탕한 변태성욕자로 변해갔다.

"용모가 빼어난 소년들을 들여라."

1372년, 어느 날 그는 갑자기 자제위라는 기구를 만들도록 명했다. 젊고 아름다운 귀족 자제들 중 미소년들을 뽑아 자제위에 소속시켰다. 그들의 역할은 가히 충격적이었다. 공민왕 자신의 호위 겸 성적 대상으로 삼은 것이다. 그의 총애를 받는 어린 꽃미남들에게 자신의 침소에서 시중을 들게 했다. 마음의 병이 점차 깊어질수록 그의 엽기적인 만행은 도를 넘어섰다.

공민왕은 자제위들을 침실로 부른 뒤 자신의 궁녀들과 음란한 행각을 하도록 명했다. 왕의 명을 거역할 수 없었기에 그들은 강제로 성관계를 나눌 수밖에 없었다. 공민왕은 몸이 섞인 그들의 모습을 보며 쾌락을 느꼈고, 더 나아가 본인 스스로 여장을 하여 자제위들과 동성애 행각을 벌였다.

공민왕의 총애를 받던 자제위들은 온갖 위세를 부리며 고려 왕실을 개판 5분 전으로 만들었으니, 수많은 신하들이 무슨 미친 짓이냐며 비난했다. 그럼에도 자제위는 열심히 공민왕의 타락을 도왔다.

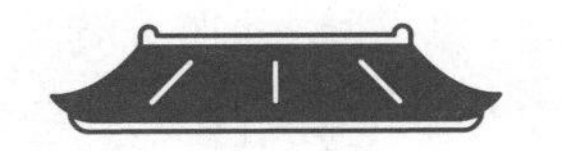

엽기적인 행각, 처참한 죽음

문제는 이때까지도 아직 왕의 후사가 없다는 것이었다. 노국대장공주가 세상을 뜬 후 얻은 후비들이 있었지만, 공민왕은 그녀들을 아예 거들떠보지 않았다. 허구한 날 자제위들과 음란한 기행만 하고 있었으니 후사를 보지 못하는 것은 당연했다.

그런데 어느 날 공민왕은 후사 문제를 타개할 매우 기발한 아이디어를 떠올린다. 그는 가장 총애하는 자제위 소속 홍륜을 조용히 불러 명령했다.

"내 아내를 겁탈해라!"

동성애만으로는 후사를 볼 수 없다는 것을 깨달은 공민왕. 고민 끝에 결정한 계획은 상당히 엽기적이었다. 노국대장공주 이외의 여인과는 죽어도 관계를 맺기 싫었던 것인지, 아니면 완벽한 동성애자로 변모한 것인지는 모르겠지만 그는 후비들과 동침할 생각이 추호도 없었다. 대신 홍륜으로 하여금 후비들을 간음하도록 명했다. 그 사이에서 낳은 아들을 자신의 후사로 속이기 위해.

이 말도 안 되는 계획을 공민왕은 거침없이 진행했다. 그러나 후비들은 그의 뜻대로 움직이지 않았다. 엽기적인 행각을 모두 거부하며 심지어는 자결하려는 모습에 공민왕의 계획은 번번이 실패로 돌아갔다. 하지만 결코 포기할 생각이 없던 그는 익비 한씨에게 칼을 들이밀며 협박했다. 생명의 위협을 느낀 익비는 결국 홍륜과 사통할 수밖에 없었고, 이후에도 홍륜은 왕의 명이 없어도 몰래 익비와 지속된 동침을 이어갔다. 그리고 마침내 공민왕의 계획은 결실을 맺게 되었다.

익비는 공민왕의 바람대로 홍륜의 아이를 임신했다. 이 소식을 환관 최만생이 가장 먼저 알아챘다. 최만생은 다급하게 변소에 있는 공민왕에게 달려가 이 사실을 알렸다.

"익비가 홍륜의 아이를 임신했습니다."

술에 잔뜩 취한 공민왕은 이에 대답했다.

"홍륜을 죽여야겠구나."

익비와 홍륜 사이에서 낳은 아이를 자신의 후사로 속이기 위해서는 홍륜이 제거되어야만 했다. 홍륜만 없으면 오랜 계획을 성공시킬 수 있으리라 판단한 것이다. 그러나 곰곰이 생각해 보니 홍륜 말고도 없어져야 할 인물이 한 명 더 있었다. 그는 최만생을 돌아보며 나지막이 말했다.

"너도 이 비밀을 알고 있으니 죽어야겠다."

> **왕이 홍륜 등에게 여러 비빈妃嬪과 간통하게 하여 아들을 낳아 후사로 삼기를 기대하였는데, 익비가 임신하였다. 환관 최만생이 일찍이 왕을 따라 측간에 가면서 몰래 보고하여 이르기를, "신이 익비전에 갔더니 익비가 말씀하시길, '임신한 지 5개월이 되었다.'고 하셨습니다."라고 하니, 왕이 기뻐하며 말하기를, "내가 일찍이 영전影殿을 부탁할 곳이 없어 근심하였는데, 익비가 이미 임신하였다고 하니 내가 무엇을 근심하겠는가?"라고 하였다. 잠시 후 묻기를 "누구와 관계를 가졌더냐?"라고 묻자, 최만생이 말하기를, "익비가 홍륜이라고 하셨습니다."라고 하였다. 왕이 말하기를, "내일 창릉昌陵을 알현하고 거짓으로 술자리를 베풀어 홍륜 등을 죽여서 입을 막을 것이다. 너도 이 계획을 알고 있으니 모면할 수 없을 게야."라고 하였다.**
>
> —《고려사》 권131, 열전 권제44

순식간에 안색이 창백해질 정도로 공포에 질린 최만생은 황급히 궁을 빠져나왔다. 자신이 곧 죽게 되리란 것을 안다면 어느 누구도 이성적인 판단이 힘들 것이다. 목숨을 부지하기 위해 그가 고를 수 있는 선택지는 한 가지뿐이었다. 바로 홍륜을 찾아가 모두 죽게 되리란 사실을 알리는 것.

최만생으로부터 공민왕의 계획을 전해 들은 홍륜은 다리에 힘이 풀릴 정도로 겁이 났다. 자제위 동료들도 두려움에 떨며 어찌할 바를 몰랐다. 머리를 싸매고 회의를 거듭할수록 이대로 죽기에는 너무 억울하다는 생각이 들었다. 그리고 이내 공포는 분노로 변했다.

"죽을 바에는 차라리 왕의 목을 치자."

1374년 공민왕의 계획을 알아챈 그날 밤, 그들은 거사를 치르게 된다. 홍륜과 최만생을 포함하여 자제위 동료들은 임금의 처소로 향했다. 칠흑같이 어두운 밤, 달빛 아래 빛나는 것은 오직 그들 손에 들려 있는 회색빛의 칼날뿐이었다. 순식간에 처소로 난입한 그들 앞에는 술에 취해 잠든 공민왕이 있었다. 그들의 눈에 더 이상 그는 임금이 아닌 사라져야 할 존재에 불과했다. 그 순간, 누가 먼저라 할 것도 없이 일제히 공민왕을 향해 달려들었다. 회색빛을 띠던 칼은 온통 핏빛으로 물들어갔고, 무자비한 칼부림에 형체를 알아보기 힘들 정도로 난도질을 당하여 뇌수가 벽에 흩뿌려졌다.

그렇게 고려의 임금이 참혹하고 허망하게 죽음을 맞이했다.

왕의 시해를 은폐하려는 시도가 있었지만 얼마 지나지 않아 사건의 전말은 밝혀졌다. 결국 시해에 가담한 모든 이들은 사형을 당했다. 그러나 아무것도 되돌릴 수 없었다.

공민왕의 처참한 죽음과 함께 고려의 몰락이 다가오고 있었다.

혜성처럼 등장한 이성계

새로운 세상을 꿈꾸며 온 힘을 다했던 이들에게 공민왕의 죽음은 청천벽력 같은 소식이 아닐 수 없었다. 특히 공민왕을 믿고 따른 신진사대부들은 지지 세력이 없어졌으니 한순간에 낙동강 오리알 신세가 되고 말았다.

"젠장. 새로운 세상을 만들어야 하는데, 이를 어쩐담…."

신진사대부 정도전과 정몽주는 큰 혼란에 빠졌다. 희망을 버릴 만도 하지만 그들은 마흔이 넘는 적지 않은 나이임에도 불구하고 포기하지 않았다. 오히려 더 열정적인 개혁 의지를 갖고 혁명을 준비했다. 그렇지만 의지만으로는 부족했다. 아무 힘이 없어진 그들은 누군가의 도움이 필요할 수밖에 없었다. 강력한 힘이 필요했다.

그들은 똑똑한 머리, 즉 문文을 겸비했으니 그들에게 필요한 것은 강력히 떠오르는 무인武人 세력이었다. 그들의 레이더망에 들어온 첫 번째 이는 고려의 영웅이자 무인 세력의 넘버원 최영 장군이었다.

수많은 백성들의 존경을 받는 최영은 청렴결백한 인물이었다. 또한 언제나 '황금 보기를 돌같이 하라.'는 말을 입에 달고 살 정도로 검소한 자였다. 그러나 안타깝게도 그에게는 한 가지 치명적인 결격 사유가 있었다. 바로 권문세가. 즉, 다이아 수저였다는 것. 고려를 개판치는 권문세족을 몰아내려는 정도전과 정몽주에게 최영은 어울리지 않았다.

다시 희망을 품고 주변을 둘러보니 한 명이 눈에 띄었다. 또 다른 난세의 영웅으로 수많은 전공과 함께 막강한 군사력을 갖고 있는 한 사나이. 권문세족이 아닌 시골 변방 출신의, 그들이 찾던 사나이. 그가 바로 이성계였다.

동북면 쪽에서 천천히 자신만의 세력 기반을 꾸려온 이성계는 수많은 적을 물리치며 공민왕의 신임을 받는 인물이었다. 특히 혼란스러운 고려 말기에 백성들을 괴롭히던 홍건적과 왜구를 단 한 번의 패배 없이 보이는 족족 두드려 팼으니, 백성들에게 그는 영웅이나 다름없었다. 이런 그에게 정도전이 찾아와 비장하게 말했다.

"새로운 세상을 함께 만듭시다!"

이성계 또한 정도전이야말로 자신이 그토록 찾던 문인임을 단번에 알아챘다. 강력한 장수가 더 큰 야망을 꿈꾸기 위해서는 제갈량과 같은 책략가가 필요했던 것이다.

그들의 운명적인 만남은 혁명을 이루기 위한 첫걸음이었다. 그리고 그들은 믿고 있었다. 그들의 꿈이 이루어질 날이 얼마 남지 않았다는 것을.

최영의 고려, 이성계의 고려

세상은 점점 빠르게 변해가고 있었다. 세계를 제패했던 용맹한 모습의 원나라는 그 위상을 잃은 채 타락해갔고, 결국 새롭게 떠오른 명나라가 원나라를 북쪽으로 몰아내 사실상 대륙의 주인이 되었다. 이것이 바로 원명 교체기다.

원나라를 물고 빨며 권세를 누리던 친원파, 권문세족들은 혼란스러울 수밖에 없었다. 권력을 놓칠 수 없었기 때문이다. 자연스럽게 정국은 권문세가 최영을 안은 친원파와 이성계를 낀 친명파인 신진사대부의 대립으로 이어졌다.

그리고 어느 날 명나라에서 글 한 통이 날아왔다.

'이제 우리가 대륙의 주인이다. 그러니까 철령 이북은 우리 땅이니 내놔라.'

철령 이북 지역은 본래 고려의 땅이었다. 원나라에게 강제로 빼앗겼지만 공민왕 때 비로소 어렵게 되찾은 지역이었다. 그런데 그 땅을 자기네 것이라 우기니 막가파도 이런 막가파가 없었다. 이때 최영이 길길이 날뛰며 분노했다.

"당장 명나라 놈들을 공격해야 한다!"

최영은 고려 임금 우왕을 적극적으로 설득했다. 당장 명나라에 선제공격을 하지 않는다면 눈 뜨고 코 베이는 꼴이 되기 십상이었다. 그동안 우왕은 장인어른이기도 한 최영을 많이 의지하고 있었고, 정치는 쥐뿔 아는 것이 없었다.

험악해진 고려 조정에서 최영의 주장에 힘이 실렸고, 결국 그는 왕의 허락을 받아 거침없이 전쟁을 준비해나가기 시작했다.

반면 고려의 또 다른 실권자 이성계는 큰 고민에 빠졌다. 명나라의 막강한 군사력을 알고 있었기에 무턱대고 전쟁을 일으키는 것은 승산이 없다고 생각했다. 또한 당시 고려 내부 사정도 여러모로 개판이었으니 승산도, 득도 될 것이 없는 싸움이었다. 이성계는 네 가지 이유를 들어 전쟁을 반대했다.

첫째, 작은 나라가 큰 나라를 치는 것은 옳지 않습니다.
둘째, 여름철에 군사를 동원하면 중요한 농사를 망칠 수 있기 때문에 옳지 않습니다.
셋째, 온 나라 군사를 동원하여 멀리 정벌하면 왜구가 쳐들어올 것이니 옳지 않습니다.
넷째, 한창 장마철이니 활은 녹슬어 시위가 줄어들고, 병사들 사이에 전염병이 돌 것이니 옳지 않습니다.

— 이성계 '4불가론'

사실 그렇게 틀린 말이 아니었다. 전쟁을 위해서는 전 병력을 이동시켜야 하는데, 그사이에 왜구가 고려를 침략할 것임이 분명했다. 또한 농업 국가였던 고려는 농사철인 여름이 가장 중요했기 때문이다. 만일 출전했다 하더라도 장마가 들이닥치고 전염병이 돌면 그야말로 개죽음이었다.

그러나 고려의 넘버원은 최영이었다. 이미 우왕의 마음에 기름칠을 잔뜩 해놓았으니 이성계는 임금의 마음을 돌릴 수 없었다.

"가라면 가라."

결국 돌이킬 수 없는 운명의 그날이 눈앞으로 다가왔다.

개죽음을 당할 것인가, 반역을 저지를 것인가

1388년 4월, 모든 전쟁 준비를 마치고 마침내 출전을 시작하는 날이 다가왔다. 이제 그 누구도 전쟁을 막을 수 없는 상황이었다. 그런데 갑자기 한 가지 변수가 생겼다. 최고사령관 최영의 주도로 진행될 계획이었지만 돌연 그가 불참한다는 소식이 들려왔다. 막상 최영이 원정을 떠난다 생각하니 아무것도 할 줄 아는 게 없는 우왕이 불안에 떨게 된 것이다. 그동안 최영만 믿고 발칙한 사춘기마냥 막장 인생을 살아온 인물이었으니 그럴 만도 했다.

"최영 장군은 여기 남아 나와 같이 정사를 돌보세요!"

결국 최영은 원정에 참여할 수 없게 되었다. 본인의 적극적인 주장으로 시작된 전쟁임에도 불구하고 철딱서니 없는 왕의 요청에 의해 본인이 전쟁에 불참하게 되었다. 아이러니하게도 원정의 선봉은 전쟁을 강력히 반대한 이성계가 맡게 되었다.

어리석게도 이 결정이 참혹한 비극으로 다가올 것을 그들은 모르고 있었다.

소수 병력을 제외한 고려의 전 군사 5만 명을 이끌고 요동 정벌을 출병한 이성계. 약 한 달을 걸려 마침내 요동 지역의 위화도 섬까지 당도하게 된다.

사실 그동안 수많은 우여곡절이 있었다. 이성계의 예상대로 장마가 시작되었고, 무리한 출병으로 많은 병사들이 죽었으며, 군의 사기가 저하되어 탈영병들이 속출했다. 이에 이성계는 말머리를 돌릴 것을 간곡히 요청했으나, 최영은 굽히지 않았다. 오히려 강력하게 진군하라 명을 내릴 뿐이었다.

이성계는 뒤를 돌아보았다. 그의 눈에 비친 군사들의 모습은 몹시도 지쳐 보였다. 식량도 부족해 다들 야위어갔고, 추적추적 내리는 장맛비는 그 모습을 더욱 처량하게 만들었다. 점점 노을이 드리우는 위화도 섬에서 그는 선택의 기로에 놓였다.

'개죽음을 당할 것인가, 아니면 반역을 일으킬 것인가….'

고민을 거듭한 끝에 이성계는 군사들을 향해 소리쳤다.

"말머리를 돌려라!"

그렇게 목숨을 건 위화도 회군이 시작되었다.

회군 속도는 엄청났다. 10일 만에 개경에 도달한 것이다. 이 소식을 들은 최영은 황급히 방어 태세를 갖추었으나, 고려의 군사 대부분이 이성계와 함께 떠났기 때문에 최영은 아무 힘을 쓸 수 없었다. 그저 이성계를 혼자 보낸 자신을 후회하며 분노하고 있었으리라.

함께 뜻을 이루며 최고 실권자의 위치까지 오른 두 사람, 최영과 이성계. 이성계를 그 위치까지 올려주고 지지해준 이가 최영이었다. 그렇지만 대의를 위해서라면 사사로운 감정에 휩쓸려서는 안 됐다. 이성계는 자신이 따르고 존경했던 최영에게 마지막으로 나지막이 말했다.

"내 본의가 아닙니다. 그저 대의를 위한 것입니다. 부디 잘 가십시오."

최영은 결국 제거되었고 우왕은 폐위되었다. 이제 새로운 세상이 도래하는 일만이 남아 있었다.

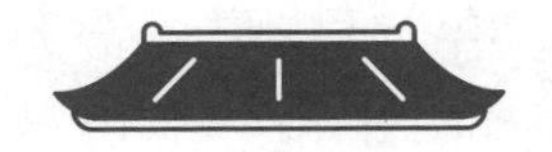

또다시 난관, 정몽주의 개혁과 정도전의 건국

사실 이성계의 반란은 그의 단독 행동으로 시작된 것이 아니었다. 그의 곁에는 신진사대부 정도전과 정몽주가 있었고, 그들이 포기하지 않고 오랜 시간을 꿈꿔온 그날이 드디어 눈앞에 찾아왔다. 허나 좋았던 것도 잠시, 큰 난관에 봉착하게 된다.

"고려는 이미 망했습니다. 이성계를 왕으로 만들어 새로운 나라를 세워야 합니다."

정도전의 세상은 고려에 있지 않았다. 그의 생각에 이미 고려의 국운은 끝났다 판단했고, 이성계를 왕으로 추대해 왕족의 성씨를 바꾸는 역성혁명을 원했다. 그러나 또 다른 신진사대부

정몽주는 그의 말에 동의할 수 없었다.

"안됩니다. 절대 고려를 배신할 수 없어요. 고려는 유지한 채 개혁을 이뤄내야 합니다."

그동안 함께 대업을 이루기 위해 힘을 모았던 이성계, 정도전 그리고 정몽주. 끔찍이도 두터웠던 그들의 우정은 새로운 세상을 만들 방향에 있어서 점점 금이 가기 시작했다. 사실 전 군사권은 이성계가 장악하고 있었지만, 그는 피를 보고 싶어 하지 않았다. 무엇보다 명분을 중시하는 인물이었고 평화롭게 이 상황을 타개하고 싶어 했다. 하지만 그 누구 하나 자신의 의지를 꺾지 않았다.

이처럼 금방이라도 끊어질 듯 아슬아슬한 대립 상황은 누구도 예상치 못한 뜻밖의 인물에 의해 끝이 나게 된다.

1392년, 이성계가 해주로 사냥을 나갔을 때 말에서 그대로 고꾸라져 부상을 당했다. 정몽주는 지금이 절호의 기회라고 생각했다. 먼저 그는 고려 임금 공양왕과 함께 정도전을 유배 보냈으며, 신속히 이성계의 최측근들을 제거하기 시작했다. 이성계 세력은 속절없이 무너졌다. 이렇게 시간이 지나면 정몽주의 승리가 불 보듯 뻔했다. 하지만 이때 예상치 못한 또 하나의 칼날이 빛나기 시작했다.

이방원. 이성계의 다섯 번째 아들로 유일하게 과거 급제한 매우 총명한 인물이었다. 이 모든 정세를 전해 듣게 된 이방원은 큰 혼란에 빠졌다. 이대로 가다간 정몽주파에게 모든 것이 무너질 것이라는 판단이 들었다. 그래서 다급히 해주로 달려가 이성계에게 현재 상황을 설명하고 그를 재빨리 개경으로 데려온다.

이성계의 귀환 소식을 듣자 정몽주는 의외의 행동을 하게 된다. 바로 이성계의 병문안을 간 것이다. 이는 호랑이 소굴로 직접 걸어 들어간 것과 마찬가지였다. 절친했던 이성계가 걱정되어서 들른 것인지, 아니면 적의 동태를 살피기 위함인지 그 속내는 본인만이 알겠지만 어쨌든 이성계는 그런 정몽주를 환대하며 반겼다. 이성계는 절대로 정몽주를 죽여 혁명을 이루고 싶지 않았다. 그러나 아버지와 달리 이방원의 생각은 더 잔혹했고 정몽주 또한 이방원의 존재를 간과했다.

이성계와의 담화를 끝내고 집을 나서게 된 정몽주. 조심스럽게 이방원의 무리들은 정몽주의 뒤를 따랐다. 이방원을 필두로 하여 정몽주 암살 작전이 시작된 것이다. 집으로 돌아가는 정몽주는 아무것도 모른 채 선죽교에 도착했다. 그때 이방원의 부하가 모습을 나타냈다. 어리둥절한 정몽주가 무슨 일인가 생각하는 순간, 그가 탄 말이 공격을 당해 쓰러졌다. 고꾸라진 정몽주가 비명을 지르며 도망치려 했다. 하지만 그의 머리 위로 철퇴가 날아들었다. 무차별적인 공격에 결국 정몽주의 숨통이 끊어졌다.

고려의 마지막 버팀목이 백주대낮에 속절없이 살해되었다.

이 사실을 알게 된 이성계는 심히 분노했다. 이방원을 향해 시키지도 않은 짓을 한 불효자라며 아주 쌍욕을 퍼부었다. 그래도 돌이킬 수 없는 일. 이방원의 냉혹한 판단으로 고려의 멸망을 저지할 마지막 반대 세력이 무너졌음은 자명한 사실이었다.

결국 이성계는 혁명을 위해 반대파 세력 모두를 죽이거나 귀양을 보냈다. '대낮에 때려죽이는 이성계'라는 공포감에 반대파들은 어떠한 저항도 할 수 없었다. 또한 고려의 왕씨 가문들이 훗날 걸림돌이 될 것이라 판단하여 씨를 말리는 정책이 실시되었다. 이처럼 혁명에 반하는 정적들을 모두 숙청했고 이제 남은 것은 그들이 꿈꾼 새로운 세상뿐이었다.

그렇게 500년의 조선 왕조가 시작되었다.

2장

아들을 세자 자리에 앉히기 위한 욕심

그동안 조선을 건국하기 위해 수많은 우여곡절을 버텨냈다. 목숨 걸고 수많은 전장에 나가 싸웠고, 반대 세력에 대항해 치열한 전투를 벌여 얻어낸 혁명이었다. 그 모든 것을 함께한 이성계와 정도전은 평생을 함께할 든든한 동반자 그 이상이었다. 그런 믿음으로 이성계는 임금 '태조'가 되어 사실상 모든 조선의 설계를 정도전에게 위임했다.

그렇게 정도전은 조선의 시작과 동시에 빠르게 성리학적 이상 세계, 조선을 디자인해나갔다.

사실 조선이 건국된 직후, 가장 시급한 문제는 따로 있었다. 바로 세자 책봉. 조선을 건국한 이성계의 나이는 58세였고, 당시로 따지면 상당히 연로한 나이였기에 하루빨리 후계자를 선정하는 것이 중요했다. 후계자 선정에 있어 그다지 어려움은 없어 보였다. 이미 장성한 아들들이 있었고, 특히 조선의 마지막 버팀목을 제거한 공신, 이방원이 자신감 넘치는 모습으로 버티고 있었다. 하지만 이때, 그 누구도 예상치 못한 변수가 발생한다. 이성계가 조선 건국에 공이 있는 적자들을 외면한 것이다.

권력 앞에서는 부모, 형제도 없었다. 결국 이성계의 선택은 앞으로 조선을 핏빛으로 물들이는 기폭제가 되었다. 그리고 그 피비린내 나는 비극의 중심에는 조선 최초의 왕비 신덕왕후 강씨가 서 있었다.

조선 최초의 왕비,
신덕왕후 강씨

과거 18살의 혈기왕성한 시절, 이성계는 한씨라는 여인과 혼인했다. 사랑에서만큼은 지극히 순애보였던 이성계는 20년간 다른 여자에게 눈길 한 번 주지 않았다. 그렇게 금술 좋은 부부 사이에서 낳은 아들들이 바로 방우, 방과, 방의, 방간, 방원, 방연 6남이었다.

무릇 더 큰 인물이 되기 위해서는 화려한 배경이 필수적인 법. 그는 변방 장수에서 중앙 정계로의 출세를 위해서는 권문세족의 뒷받침이 필요하다고 느꼈다. 그래서 21살 어린 권문세가의 딸 강씨를 두 번째 부인으로 맞이했다. 함경도에는 한씨가,

개경에는 강씨가 있는 두 집 살림을 시작한 것이다.

어린 강씨는 타고난 지혜와 내조로 이성계를 고려의 실권자로 만드는 데 일조했고, 더 나아가 조선을 건국하는 데 지대한 영향을 미친 인물이었다. 특히 고려 말 이성계가 해주에서 부상을 당한 후 정몽주가 그의 최측근들을 제거하려던 절체절명의 순간, 어머니 한씨가 죽어 시묘살이를 하고 있는 이방원에게 아버지를 급히 모시고 오라는 언질을 준 사람이 다름아닌 강씨였다.

또한 정몽주가 대낮에 철퇴로 맞아 죽고, 분노한 이성계가 이방원에게 쌍욕을 퍼부을 때, 강씨는 옆에서 이방원의 편을 들며 이렇게 말했다.

> **"공은 항상 대장군으로서 자처하였는데, 어찌 놀라고 두려워함이 이 같은 지경에 이릅니까?"**
>
> **—《태조실록》 1권, 총서 131번째 기사**

당시 지구 최고 무신 이성계에게 대놓고 쫄보라며 핀잔을 주는데도 찍소리 못한 이성계. 그만큼 그에게 있어 그녀는 믿고 의지할 수 있는 최고의 아내였다. 그런 그녀는 조선이 건국되면서 조선 최초의 왕비 신덕왕후가 된다. 첫 번째 부인 한씨는 건국 이전에 생을 마감했기 때문이다.

그런데 문제는 여기서부터 시작되었다. 자리가 사람을 만든다 했던가. 막상 왕비가 되어보니 그녀에게 문득 이런 생각이 들었다.

'한씨는 건국 이전에 죽었고…. 사실상 내가 조선의 진또배기 왕비니까 내 배에서 태어난 아들이 세자가 되는 것이 순리다!'

이런 욕심을 품기 전까지 그녀는 한씨의 소생들과 사이가 좋았다고 전해진다. 배다른 자식들이었음에도 친자식처럼 아끼고 감싸준 여인이었지만, 막상 왕세자를 선택할 때 해서는 안 될 욕심을 부린 것이다.

그녀는 점점 자신의 아들을 세자로 만들어야겠다는 욕망에 휩싸여갔다. 하지만 이 모든 것을 지켜보고 있던 한 남자가 있었으니. 이방원.

한씨의 소생들 중 유일하게 큰 야망과 권력욕을 지녔던 이방원은 이런 강씨를 아니꼽게 지켜보고 있었다. 그래도 마음 한편으로 '설마 아버지가 나를 버리고 다른 이를 세자로 임명하진 않겠지.' 하는 심산이었다. 하지만 못 말리는 이성계는 강씨의 꼬드김에 넘어가게 된다.

무엇보다 그녀의 야망에 가장 큰 힘을 실어준 이는 정도전이었다. 정도전이 꿈꾸었던, 왕과 신하들의 권력이 조화를 이루는 이상적인 조선과는 반대로 이방원은 강력한 왕권을 바탕에 둔 중앙집권국가를 추구했다. 그런 이방원이 왕이 될 수 없다 생각한 것이다. 결국 고심 끝에 이성계는 강씨의 소생인 11살의 어린 막내아들 이방석을 세자로 책봉한다.

> **어린 서자 이방석을 세워서 왕세자로 삼았다. 처음에 공신 배극렴 · 조준 · 정도전이 세자를 세울 것을 청하면서, 나이와 공로로서 청하고자 하니, 임금이 강씨를 존중하여 뜻이 이방번에 있었으나, 이방번은 광망하고 경솔하여 볼품이 없으므로, 공신들이 이를 어렵게 여겨, 사적으로 서로 이르기를, "만약에 반드시 강씨가 낳은 아들을 세우려 한다면, 막내 아들이 조금 낫겠다."고 하더니, 이때에 이르러 임금이, "누가 세자가 될 만한 사람인가?"라고 물으니, 장자로서 세워야만 되고, 공로가 있는 사람으로서 세워야만 된다고 간절히 말하는 사람이 없었다. 극렴이 말하기를, "막내 아들이 좋습니다." 하니, 임금이 드디어 뜻을 결정하여 세자로 세웠다.**
>
> —《태조실록》 1권, 태조 1년 8월 20일 기사 1번째 기사

더 오래 살았더라면 역사를 바꿀 수 있었을지 모르겠지만, 그녀는 알지 못했다. 자신이 장수할 운명이 아니라는 것을. 계속 살았다면 이방석에게 힘을 실어주어 아들을 왕으로 만드는 꿈을 실현시킬 가능성이 있었으나, 그녀는 아들을 세자로 만들고 얼마 지나지 않아 지병으로 숨을 거두게 된다. 그녀의 죽음

은 이방석이 세자가 되어야 할 일말의 명분조차 사라지게 되었음을 의미했다.

이제 남은 것은 분노에 찬 한 남자의 피의 복수뿐이었다.

피도 이길 수 없는 권력,
왕자의 난

과거 조카와 삼촌 사이 같았던 정도전과 이방원. 이제는 원수와도 같을 만큼 서로를 견제하고 치열한 신경전을 벌이는 둘이었다.

이러한 상황이 지속될수록 치욕적으로 버림받았다는 느낌을 지울 수 없었던 이방원은 그 원흉이 정도전이라 생각했다. 그들의 감정의 골이 깊어져만 갔다.

그러던 어느 날, 정도전이 사병을 해체했다. 그동안 명나라와의 악화된 관계로 요동 정벌을 추진했고, 그 명목으로 사병을 없앤 것이었다. 물론 조선 초부터 추진해오던 사병 혁파를 서둘러 앞당긴 것이지만 이방원에게는 큰 위기나 다름없었다. 이 또한 이방원의 힘을 약화시키기 위한 정도전의 의도가 포함되었기 때문이다. 개인의 병사들이 사라진다는 것은 전쟁에서 칼 없이 싸운다는 의미였다. 이처럼 자신을 향해 죄어오는 정도전의 칼날을 보며 그는 생각했다.

'내가 살길은 오직 그의 죽음뿐이다.'

1398년 8월 26일, 마침 태조 이성계가 몸이 좋지 않아 병상에 누워 있었다. 지금이 바로 아버지가 관여할 수 없는 절호의 기회라 생각한 이방원. 치밀하고 냉혹한 성격을 지닌 그는 그동안 자신의 편을 은밀히 만들어왔다. 또한 원래부터 이방원을 지지하고 따르는 이들도 많았기에 무리 없이 정변군을 조직했다.

늦은 밤, 그렇게 이방원을 필두로 한 정변군이 궁을 향해 돌진했다. 당시 궁을 지키고 있던 세자 이방석은 사실 아무것도 할 수 없었다. 수비대가 아무 힘을 못 쓸 정도로 정변군이 압도적으로 우세했기 때문이다. 그리고 마침내 이방원은 그토록 벼르던 정도전과 마주하게 된다. 그의 마지막을 기록한 실록에는 이렇게 전해진다.

침실에 숨어 있던 정도전이 자그마한 칼을 가지고 걸음을 걷지 못하고 엉금엉금 기어서 나왔다. 그를 꾸짖어

칼을 버리게 하니, 정도전이 칼을 던지고 문 밖에 나와서 말했다.
"청하건대 죽이지 마시오. 한마디 말하고 죽겠습니다."
이방원의 말 앞에 끌려간 정도전이 말했다.
"예전에 당신이 이미 나를 살렸으니 지금도 또한 살려주소서."
예전은 정몽주로부터 이방원이 자신을 살려준 것을 의미했다. 그러나 이방원이 분노하며 말했다.
"네가 조선의 봉화백奉化伯이 되었는데도 도리어 부족하게 여기느냐? 어떻게 악한 짓을 한 것이 이 지경에 이를 수 있느냐?"
이에 그를 목 베게 하였다.

—《태조실록》 14권, 태조 7년 8월 26일 기사 1번째 기사

기록으로 보면 조선 설계자 정도전의 최후는 비굴하기 짝이 없었다. 뚱뚱한 몸으로 제대로 걷지 못했고, 한 번만 더 살려달라 울고불고 난리도 아니었다. 그러나 놀랍게도 실록에 다른 장면도 전해진다.

아들 정담이 자살하기 전, 아버지 정도전에게 차라리 목숨을 한번 빌어보자고 제안했다. 그러나 정도전이 말했다.

"내가 이미 고려를 배반했는데 지금 또 이 편을 배반하고 저 편에 붙는다면, 사람들이 비록 말하지 않더라도 홀로 마음에 부끄러움이 없겠는가?"

—《태조실록》 14권, 태조 7년 8월 26일 기사 1번째 기사

무엇이 진실이든 이방원은 정변을 일으켜 자신에게 반하는 정적들을 모조리 숙청했다. 신덕왕후 강씨의 소생 이방번과 세자 이방석 또한 모두 살해되었다. 그렇게 이방원의 야망은 사실상 실현된 것이나 다름없었다.

반면 하룻밤 사이에 전부를 잃은 이성계는 비통함에 빠졌다. 평생을 함께했던 사랑하는 사람들과 자신이 일평생 이루었던 모든 것들이 처참하게 산산이 부서졌다. 단 한 번도 패배한 적이 없는 불패신화의 영웅이 자식에 의해 짓밟히게 된 것이다.

그렇게 이성계는 상왕으로 물러나 아무 힘없이 쓸쓸한 말년을 보내게 된다.

이방원은 곧바로 왕위에 오르지 않았다. 그도 그럴 것이 아버지의 눈치도 있고 명분이 중요했기 때문이다. 그리하여 둘째 형 이방과가 조선 제 2대 임금 '정종'으로 즉위하게 된다.

말만 임금이었지 사실은 이방원의 허수아비에 불과했다. 정종 또한 정치에 관심이 일절 없었기에 동생에게 전권을 내어주고 사냥과 격구놀이만 했다. 그런데 이 중간에 어리석은 넷째

형 이방간이 엉뚱한 야심을 품었다.

"이방원보다 형인 내가 다음 왕이 되어야 한다!"

세상 모든 사람들이 이제는 이방원을 인정하고 있는데, 이방간은 그것을 못 보고 있었다. 측근들을 포섭하려 해도 오히려 다들 반대하고 말리는 수준이었으니, 이 싸움은 안 봐도 뻔한 게임이었다.

그렇게 무작정 시작된 이방간의 난이자 2차 왕자의 난이 일어났지만 결국 이방원의 승리로 매우 싱겁게 끝이 났다. 이방간은 즉시 유배를 가게 되었고, 이 일이 있은 지 얼마 지나지 않아 정종은 재위 2년 만에 상왕으로 물러나게 된다.

수많은 피바람을 거쳐 드디어 기다리던 이방원의 시대가 열렸다.

3장

왕이 된 태종 이방원, 그의 끝나지 않는 킬러 본능

무자비한 킬러 본능과 끝이 없는 권력욕을 지닌 이방원. 그를 막을 자는 아무도 없었고, 결국 그는 조선의 주인이 되었다. 하지만 여기에서 오직 이방원 혼자의 힘으로 천하를 얻어낸 것은 아니었다. 늘 그렇듯 주인공 뒤에는 든든한 버팀목이 되어줄 조력자가 존재했다.

사실 이방원에게 가장 큰 힘이 되어줄 수 있었던 존재는 바로 현명하고 지혜로운 아내였다. 이성계가 조선을 건국하는 데 지대한 역할을 했던 인물이 누구였던가. 바로 신덕왕후 강씨였다.

이방원 또한 다르지 않았다. 그에게는 처음부터 자신의 야망과 꿈을 함께 그려온 동반자 원경왕후 민씨가 있었다. 특히 그녀의 민씨 집안은 어린 시절부터 이방원을 지극히 아끼고 사랑했다. 이방원이 대업을 이룰 수 있도록 아낌없는 지원을 보였다.

하지만 이방원은 예상보다 훨씬 더 어마무시한 인물이었다. 놀랍게도 왕이 되자마자 그의 칼날은 지금의 그를 만들어준 아내 원경왕후 민씨에게로 향했다.

이방원의 조력자,
원경왕후 민씨

똑똑한 두뇌를 지녔던 이방원은 16세에 과거에 합격하고 성균관에 입학했다. 그가 너무나도 자랑스러웠던 이성계는 개성에서 잘나가는 집안과의 혼인을 추진했다. 그렇게 이방원은 자신의 스승이었던 민제라는 인물의 둘째 딸 민씨와 결혼했다.

처가살이를 시작한 이방원은 장인, 장모의 극진한 사랑을 받으며 성장했다. 아내 민씨 또한 엄청난 내조로 남편을 보필했고, 이방원은 곧바로 문과에 급제해 승승장구의 길을 걸었다. 그의 꿈을 바로 옆에서 지지하고 응원해준 처갓집에 무한한 은혜로움을 느낀 이방원이었다. 더 나아가 이방원이 수많은 역경을 헤쳐 나갈 때, 처가 민씨 집안에서 엄청난 도움을 주었다.

조선 건국에 방해되는 최대 정적 정몽주를 암살한 이방원은 조선 개국의 최고 공신이었다. 그러나 막상 조선이 건국되어 보니 이방원은 찬밥 신세였다. 아버지 둘째 부인 강씨가 왕비의 권력으로 세자 자리에 그녀의 아들인 이방석을 앉혔고, 이방원은 정도전에 의해 사병까지 빼앗기며 속절없이 버림받고 있었다. 이때 민씨는 조용히 때를 기다리고 있었다.

"무기를 숨겨놓아라!"

민씨는 남동생들과 함께 조만간 들이닥칠 피바람을 준비해 은밀히 무기를 숨겨놓았다. 그리고 마침내 이방원이 거사를 일으킬 때, 민씨가 숨겨둔 무기를 꺼내놓으며 말했다.

"꼭 이기고 돌아오세요!"

이처럼 강단 있는 민씨의 내조와 지혜가 있었기에 이방원은 더 큰 날갯짓을 할 수 있었으리라.

왕자의 난을 성공적으로 끝내고 자신에게 반하는 정적들을 숙청한 이방원. 드디어 오랜 시간 동안 꿈꿔온 왕의 자리에 앉아 '태종'으로 즉위했다. 과연 민씨 집안이 없었다면 이방원이 임금으로 즉위할 수 있었을까?

남편의 오랜 야망을 함께 꿈꿔온 민씨는 왕비 원경왕후가 되었다. 앞으로 그녀에게 남은 생은 꽃길뿐일 것이라 생각했다.

하지만 그녀는 예상치 못했다. 이방원이 생각보다 더 냉혹한 인물이었다는 것을. 왕이 됨과 동시에 그의 칼날은 민씨 집안을 향하고 있었다.

이방원의 숙청, 민씨 집안을 박살내다

18년간 한눈 팔지 않고 원경왕후 민씨만을 바라본 이방원. 금술도 좋고 알콩달콩 서로만을 위해 살아온 그들이었지만 뜻밖에도 부부 사이에 한 가지 문제가 생기게 된다. 바로 이방원이 왕이 되자마자 새로운 여인들을 취하기 시작한 것. 그것도 왕비 가까이에서 시중을 드는 시녀들을 취한 것이다.

왕손의 생산은 임금의 주요한 의무였기에 후궁을 많이 들이는 것은 당연한 일이었다. 그러나 세상 어느 부인이건 남편이 첩을 들이는 일에 매우 불안해하고 경계했다. 식어가는 부부의 정을 걱정했기에.

원경왕후 민씨 또한 다르지 않았다. 한 성격 하는 그녀는 질투에 화딱지가 나 참을 수 없었고, 그러다보니 시도 때도 없이 부부싸움이 발생했다. 이에 태종은 신하들 앞에서 이렇게 하소연했다.

"왕비의 투기가 너무 심해서 같이 못 살겠다!"

결국 참다 못해 자신의 거처를 옮기는 지경에 이를 정도로 부부 사이는 악화되었다.

> **중궁(왕비)의 투기 때문에 경연청經筵廳에 나와서 10여 일 동안 거처하였다.**
>
> —《정종실록》 6권, 정종 2년 12월 19일 기유 3번째 기사

그러나 여기서 멈추지 않았다. 남편의 변절에 이성을 잃은 원경왕후 민씨는 태종과 동침한 궁녀들을 불러다 직접 처벌했다.

물론 그 소식을 접한 태종 또한 심히 격분했다. 곧장 원경왕후 민씨를 모시는 시녀와 내시 모두를 내치도록 명을 내려 복수했다.

> **정비전靜妃殿의 시녀 · 환관 등 20여 인을 내쳤다. 정비가, 임금이 궁인宮人을 가까이 하므로 분개하고 노하여, 가까이 한 궁인을 힐문하니, 임금이 노하여 내치었다.**
>
> —《태종실록》 1권, 태종 1년 6월 18일 을해 2번째 기사

1년간 지속된 부부싸움에도 누구 하나 지치지 않았다. 태종은 보란 듯이 후궁을 늘려나갈 계획을 세웠고 결국 속이 뒤집어진 원경왕후 민씨가 태종을 찾아갔다.

그녀는 남편의 옷을 붙잡고 울고 불며 항변했다.

> **"상감께서는 어찌하여 예전의 뜻을 잊으셨습니까? 제가 상감과 더불어 함께 어려움을 지키고 같이 화란을 겪어 국가를 차지하였사온데, 이제 나를 잊음이 어찌 여기에 이르셨습니까?"**
>
> —《태종실록》3권, 태종 2년 3월 7일 경인 3번째 기사

어찌 사랑이 이렇게 한순간에 변하는지, 원경왕후 민씨는 이때부터 모든 식음을 전폐하며 하루 종일 서럽게 울기만 할 뿐이었다. 이 불행한 인생을 한탄하며 마음에 큰 병이 생기게 되었다. 그러나 그녀는 아직도 모르고 있었다. 앞으로 닥쳐올 피바람에 비하면 이것은 아무것도 아니었다는 것을.

아내가 거세게 뭐라고 하든 말든 태종은 계속해서 후궁의 수를 늘려나갔다. 어쩌면 이 또한 그의 치밀한 계획이었을지도 모른다. 태종은 권력이 강해져만 가는 원경왕후 민씨, 더 나아가 그녀의 친정인 민씨 집안을 상당히 경계하고 있었기 때문이다.

민씨 가문은 조선의 실세나 다름없었다. 태종의 장인인 민제는 많은 이들의 존경을 받는 인물이자 원로대신이었다. 또한

처남인 민무구, 민무질, 민무휼, 민무회 4형제는 태종의 왕자의 난을 도와 핵심 공신이 되었고, 정계와 군부에 막강한 영향력을 지니고 있었다. 그렇기에 태종은 생각했다.

'이 상황을 그대로 두었다간 이씨의 나라가 아니라 완전 민씨의 나라가 되겠구나.'

특히 더욱 걱정은 다음 왕위를 계승할 세자였다. 어린 시절 외가에서 성장한 세자 양녕대군 이제는 외삼촌들과 친분이 두터웠으니, 세자가 왕이 되면 민씨 가문의 나라가 되는 것은 불을 보듯 뻔했다. 그렇기에 태종은 확실한 결단을 내려야 했다.

"민씨 집안을 숙청한다!"

태종은 자신의 최측근들과 모의해 처남인 민무구, 민무질을 유배 보냈다. 그리고 1408년 9월, 태종의 장인인 민제가 생을 떠나자 태종은 본격적으로 대대적인 숙청 작업에 돌입한다. 장인이 죽은 지 1년 만에 처남 두 명을 숙청한 것이다.

> **임금이 말하기를, "내가 이 일을 결단하지 못한 것은 아녀자의 작은 정으로 구가시**(부모가 사는 집)**의 마음을 상할까 두려워함에서였다. 지금은 결단할 수 있다."**
> (…중략…) **이에 순금사 호군 이승직 · 형조 정랑 김자서를 보내어 제주에 가서 민무구 · 민무질에게 자진해 죽게 하였다.**
>
> —《태종실록》 19권, 태종 10년 3월 17일 계미 1번째 기사

애석하게도 원경왕후 민씨의 불행은 여기서 끝나지 않았다. 6년 뒤 그녀의 남은 동생 민무휼, 민무회마저 태종에 의해 죽임을 당했다. 이처럼 피도 눈물도 없는 태종에 의해 민씨 4형제가 모두 죽음을 맞이함으로써 민씨 가문은 사실상 몰락하게 된다.

강력한 왕권이 곧 정답이라 생각한 태종 이방원. 왕위에 오르자 그토록 반대하던 사병 혁파를 곧바로 시행하는 등 자신만의 조선 기틀을 닦아가기 시작했고, 눈에 거슬리는 중전 민씨 집안마저 처참하게 박살내 강력한 왕권을 쥐게 되었다. 무엇이 되었든 본인의 냉혹한 결단을 실행하고 이뤄내고야 만 태종.

하지만 그는 알지 못했다. 자신이 부친 이성계에게 준 상처처럼 자신 또한 아들에게서 굵직한 상처를 돌려받게 될 줄은.

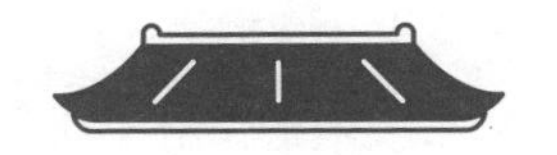

희대의 인간 말종 맏아들, 양녕대군

사랑하는 자식의 죽음보다 부모에게 큰 슬픔이 있을까? 태종과 원경왕후 민씨는 세 명의 아들을 일찍이 곁에서 떠나보내야 했다. 너무 일찍 요절하는 바람에 기록에는 남아 있지 않지만, 자식들의 죽음을 지켜본 둘은 큰 상심에 빠져 하늘을 원망하곤 했다. 그러다 1394년, 여러 번의 슬픔을 겪은 후에야 마침내 사실상 첫째 아들이 태어났다.

양녕대군 이제. 눈에 넣어도 아프지 않은 소중한 아들이었다. 혹여나 이 아이도 일찍 생명을 잃을까 노심초사하며 애지중

지 끔찍한 사랑을 쏟아부었다. 그리고 그에 보답이라도 하듯 양녕대군은 출중한 능력으로 어릴 적부터 세자로서의 모습을 갖춰갔다. 그런데 점차 사춘기가 오기 시작하더니 그는 걷잡을 수 없는 인간 말종으로 변모한다.

자유분방한 성격의 소유자였던 양녕대군. 머리가 커지면 커질수록 절제되고 엄격한 세자 교육과 생활에 대한 환멸을 느끼기 시작했다. 공부보다는 사냥과 새 잡기 놀이가 더욱 재미있었기에 하루 종일 밖에 나가 노는 것을 즐기면서 점점 일탈이 시작되었다.

물론 그의 일탈이 태종에게 보고되었지만 태종은 허허허 웃으며 아들을 두둔했다. 누구보다 세자를 끔찍이 사랑하는 태종으로서 그 정도의 일탈은 애교 수준이나 다름없었다. 그러나 천하의 태종이 곧 있으면 아들 때문에 뒷목을 잡고 쓰러지고 만다.

공부를 멀리하고 활동적으로 노는 정도는 사실 봐줄 만한 일탈이었다. 그러나 양녕대군이 여자에게 환장하면서부터 일이 복잡해졌다. 어찌나 그리도 여자를 밝히는지 시도 때도 없이 대궐 담을 몰래 넘어 다니며 예쁜 여자라면 그게 누가 되었건 취해야만 했다. 설령 유부녀일지라도.

세자라는 지위를 이용해 아름다운 기생들을 대궐로 끌어들여 욕심을 채우는 등의 망나니짓을 벌이는 와중에 심지어 태종의 형이자 2대 왕 정종의 기생 첩 초궁장을 범했다. 자신의 큰

아버지의 여자를 건드린 것이다.

이 기가 막히고 코가 막힌 상황에 화가 머리끝까지 치민 태종. 그럼에도 그는 맏아들을 사랑했다. 양녕 본인은 초궁장이 큰아버지의 기생 첩인지 몰랐다며 초궁장을 내쫓는 선에서 사건을 마무리했다.

> **기생 초궁장을 내쫓았다. 세자가 사사로이 상기인 초궁장을 가까이 하므로, 임금이 알고 내쫓은 것이었다. 상왕이 일찍이 이 기생을 가까이 하였었는데, 세자가 이를 알지 못하고 사통하였기 때문이었다.**
>
> —《태종실록》 29권, 태종 15년 5월 13일 기유 4번째 기사

하지만 그의 브레이크 없는 막장 짓은 이제부터 시작이었다. 유감스럽게도 한층 더 대담해진 양녕대군은 다음으로 매형 이백강의 첩 칠점생을 타깃으로 삼았다.

그러자 그때 양녕대군의 동생 충녕대군이 나서며 이렇게 말했다.

"친척 중에서 서로 이같이 하는 것이 어찌 옳겠습니까?"

충녕대군은 태종의 셋째 아들로 양녕대군과는 정반대인 인물이었다. 누구보다 학문을 좋아하고 총명해 옳은 행실과 언행으로 태종과 신하들에게 총애를 받는 왕자였다. 그런 그가 보다 못해 형에게 훈수를 두었다.

연회가 파하자 세자가 부마 청평군 이백강이 일찍이 축첩한 기생 칠점생을 데리고 돌아오려 하였다. 충녕대군이 만류하며, "친척 중에서 서로 이같이 하는 것이 어찌 옳겠습니까?" 하였다.

—《태종실록》 31권, 태종 16년 3월 20일 임자 4번째 기사

그러거나 말거나 양녕대군은 굴하지 않고 몰래 대궐 밖에 나가 기어코 칠점생과 잠자리를 함께한다. 더 놀라운 것은 큰아버지의 기생 첩 초궁장과 다시 몰래 만나 사통을 한 것이다. 정말 본인 눈에 든 여인이라면 큰아버지의 여자건 매형의 여자건 꼭 취하고야 마는 인간이었다.

이 소식이 태종에게 알려지자 그는 심히 분노하고 슬퍼했지만, 그래도 맏아들을 끔찍이도 사랑했다. 한 번만 더 세자를 믿고 지켜보기로 했다. 하지만 안타깝게도 세자로서의 지위가 변함이 없자 양녕대군은 더욱 미쳐 날뛰었다.

세간에 양반 곽선의 첩 어리라는 여인이 절세미녀라는 소문이 돌자 양녕대군은 패거리를 시켜 어리를 데려오게 했다. 그러나 이미 임자가 있는 몸이었기에 어리는 그들의 요청을 거절했다. 물론 한 번 물면 끝까지 놓지 않는 양녕대군이었기에 그는 절대 포기하지 않았다. 그녀를 끌고 와 강제로 동침을 했다.

이 말도 안 되는 겁탈 사건에 심히 대노한 태종은 당장 세자를 폐위시키려는 모습까지 보였다. 하지만 많은 신하들이 한 번

만 더 믿어보자 만류했고, 태종은 터질 듯한 분노를 꾹 참으며 묻고 가기로 했다.

사람은 고쳐 쓰는 것이 아니라 했다. 심한 꾸지람을 받은 양녕대군은 되레 분노했는지 어리를 장인 김한로의 집에 몰래 숨겨두고는 임신을 시켜버렸다. 그리고 그사이에 방유신이라는 자의 손녀가 정말 예쁘다는 소리를 듣고는 방유신을 협박해 손녀를 겁탈했다. 놀랍게도 양녕대군은 이미 결혼한 몸이었음에도 이런 추악한 만행들을 저질렀다.

정녕 세자 자리에서 폐위당하고 싶은 것인지 세자임을 막론하고 인간으로서 해선 안 될 행실을 보인 양녕대군. 태종은 결단을 내려야 했다. 신하들을 불러 모아 세자의 폐위에 대해 논했다.

한편 양녕대군은 이러한 처사가 억울해 분노에 찬 장문의 편지를 적어 아버지 태종에게 보냈다.

"아버지도 여자 많이 들였잖아요. 왜 저한테만 그러십니까? 아버지가 제 여자들을 다 쫓아내서 곡성이 사방에 이르고 원망이 나라 안에 가득찼습니다. 이는 아버지 잘못이니 스스로 반성하셔야죠. 예전 한나라 고조가 재물과 여색을 밝혔으나 마침내 천하를 평정하였죠. 아버지는 어째서 내가 끝내 크게 효도하리라는 것을 모르나

요? 정신 차리십시오."

—《태종실록》 35권, 태종 18년 5월 30일 기묘 1번째 기사

이 정신 나간 편지에 터질 대로 터져버린 태종은 1418년 6월 3일, 14년간의 적장자로서 세자의 지위를 가졌던 양녕대군 이제를 폐위시킨다.

아비의 마음을 알기야 할는지 폐위를 결정할 때 태종은 헤아릴 수 없을 만큼 슬퍼했다. 세자가 폐위되던 날에 대성통곡을 하며 그 울음소리가 밤새도록 끊이지 않았다고 전해진다. 과거 이성계의 세자 임명에 불만을 품고 형제들과의 피를 보며 힘겹게 왕위에 오른 태종으로서 무슨 일이 있어도 사랑하는 맏아들에게 왕위를 주고 싶었기 때문이다.

그런 슬픔 속에서도 태종은 다시 새로운 세자를 임명해야만 했다. 먼저 둘째 효령대군이 있었다. 그러나 효령대군은 심성이 심히 고와 언제나 빙긋 웃기만 할 뿐 세자로서의 자질이 부족하다고 판단됐다.

자고로 왕이라면 술도 잘 마셔야 했기에 한 모금도 마시지 못하는 효령대군은 적합하지 않다고 생각했다.

—《태종실록》 35권, 태종 18년 6월 3일 임오 1번째 기사

반면에 셋째 아들 충녕대군은 달랐다. 그는 춥거나 덥거나 밤이 새도록 글을 읽었다. 그런 아들이 걱정되어 태종이 책 읽는 것을 금지시킨 적도 있었을 만큼 충녕대군은 학문을 무척이나 좋아하는 인물이었다. 술은 그리 잘하지는 못하나 적당히 마시고 그칠 줄 아는 이였다.

사실 태종은 마음 한편엔 충녕대군이야말로 세자에 부합한 아들이라고 생각했다. 신하들 또한 충녕대군이 가장 어진 사람이므로 그를 세자에 올려야 한다고 주장했다.

그리하여 모든 이들의 관심과 기대를 받으며 충녕대군이 세자 자리에 오르게 된다. 그가 바로 훗날 한글 창제를 비롯해 수많은 업적을 이뤄낼 '세종대왕'이었다.

> **임금이 이르기를, "충녕대군은 영명 공검하고 효우 온인하며, 학문을 좋아하고 게을리하지 않으니, 진실로 저부의 여망에 부합합니다." 하였다. 내가 부득이 제**(양녕대군)**를 외방으로 내치고 충녕대군을 세워 왕세자로 삼는다. 아아! 옛 사람이 말하기를, "화와 복은 자기가 구하지 않는 것이 없다." 하니, 내가 어찌 털끝만큼이라도 애증의 사심이 있었겠느냐? 아아! 중외의 대소 신료는 나의 지극한 생각을 본받으라.**
>
> —《태종실록》 35권, 태종 18년 6월 3일 임오 1번째 기사

폐위된 양녕대군은 죽을 때까지 정신을 못 차린 채 살아간다. 여자 문제로 항상 구설수에 오르다 못해 아들의 며느리를 범해 아들이 자살하는 지경에 이르는 극악무도한 행실을 일삼는다. 나중에는 세종의 손자와 아들들을 죽이는 데 앞장서는 행보를 보이며 천수를 누리다 생을 마친다.

4장

충격적인 세종의 며느리들

조선시대 태평성대를 꼽자면 단연 세종 시기였음에 틀림없다. 냉혹한 친부 이방원이 행한 외척 및 공신의 숙청을 통해 강력한 왕권이 만들어졌고, 세종은 그 덕에 흔들림 없이 왕위에 오를 수 있었다. 또한 심성이 어진 그는 언제나 백성들만을 생각했으며, 하루에 잠자는 다섯 시간을 제외하고 모든 시간을 업무에 열정을 쏟았다. 이에 한글 창제뿐 아니라 과학, 예술, 문화, 국방 등 많은 분야를 발전시킨 위대한 세종이었다.

또한 고기만큼이나 여성들에게도 남다른 애정을 보였던 세종은 중전 소헌왕후 심씨 이외에도 5명의 후궁을 들였고 모두에게서 22명의 많은 자식을 낳은 타고난 정력가였다.

어쩌면 그래서 고기를 유달리 사랑했던 것일까. 놀랍게도 한 번 사랑하면 끝까지 버리지 않는 사랑꾼이어서 그런지, 그 많은 부인들이 질투 한 번 하지 않고 좋은 사이를 유지했다.

이처럼 모든 방면에서 타고난 성군의 모습을 보인 세종. 그러나 그도 피해 갈 수 없었다. 할아버지와 아버지가 자식에게 받았던 고통을 세종은 살아서도 죽어서도 받게 된다.

1414년 세종과 소헌왕후 사이에서 적장자인 이향이 태어났다. 어렸을 때부터 성품이 곧고 누구에게나 사랑 받는 인물로 성장한 이향은 8살의 나이에 왕세자로 책봉되었다. 또한 아버지를 닮아 학문을 무척이나 좋아한 인물이었다.

그렇게 30년간 세자로서 아버지 세종을 열심히 도와 조선 초기 태평성대를 이루었다. 그런데 이런 완벽한 아들에게도 한 가지 흠이 있었으니, 그건 바로 경악을 금치 못할 이향의 부인들이었다.

소박맞은 첫 번째 며느리

유독 아내 복이 없었던 세자 이향은 충격적인 이유로 장가를 세 번이나 가야 했다. 그가 처음으로 맞이한 아내는 나름 뼈대 있는 가문의 휘빈 김씨였다. 세자빈이 된 축복에 행복한 나날을 꿈꾼 김씨. 그런데 웬걸, 이향은 무슨 이유에서인지 좀처럼 아내를 찾는 일이 없었다. 첫날밤을 치른 후로 단 한 번도 그녀의 침소에 들르는 일이 없었던 것이다.

어느 부인이든지 간에 남편에게서 관심과 사랑을 받지 못하면 부부의 정을 걱정해 조바심이 나기 마련이다. 김씨는 차가운 남편의 모습에 점점 불안에 떨었고 외로움은 날이 갈수록 깊어져만 갔다.

"어찌해야 남편의 사랑을 얻을 수 있을는지…."

큰 고민에 빠진 김씨는 한 시녀를 불러다 남편의 사랑을 받는 술법에 대해 알려달라 요청했다. 그러자 시녀가 대답했다.

"먼저 남편이 좋아하는 여자의 신을 잘라다가 불에 태워 가루로 만드세요. 그런 다음 그것을 술에 타 남편에게 먹이면 사랑을 한몸에 받게 될 것입니다."

이런 기발한 술법에 '옳거니!'를 외치며 곧장 방문을 뛰쳐나와 남편이 아끼는 2명의 궁녀들의 신을 몰래 훔쳤다. 신속히 그 신을 불에 태우고 술에 타는 치밀한 계획을 완벽하게 마친 김씨였다. 그런데 젠장, 김씨는 잊고 있었다. 이향은 그녀의 방을 절대 들르지 않는다는 사실을.

> **부인이 남자에게 사랑을 받는 술법을 묻기에 모른다고 대답하였으나, 주빈께서 강요하므로 비婢가 드디어 가르쳐 말하기를, "남자가 좋아하는 부인의 신을 베어다가 불에 태워서 가루를 만들어 가지고 술에 타서 남자에게 마시게 하면, 내가 사랑을 받게 되고 저쪽 여자는 멀어져서 배척을 받는다 하오니, 효동·덕금 두 시녀의 신을 가지고 시험해 보는 것이 좋겠습니다." 하였다. 했는데, 효동·덕금 두 여인은 김씨가 시기하는 자이다.**
>
> —《세종실록》 45권, 세종 11년 7월 20일 갑자 3번째 기사

아니, 방에 들러야 술이라도 먹이는데 당최 아무리 기다려도 오지 않으니 야심차게 준비한 계획이 실패로 돌아갈 판이었다. 그래도 김씨는 포기하지 않았다. 무조건 남편의 사랑을 얻겠다는 불굴의 의지를 다지며 시녀에게 다음 술책에 대해 물어보았고 시녀는 어쩔 수 없이 답했다.

"뱀 암수가 짝짓기할 때 흘린 정액을 수건으로 닦고 그것을 몸에 차고 있으면 남편의 사랑을 얻을 수 있습니다."

—《세종실록》45권, 세종 11년 7월 20일 갑자 3번째 기사

다시 한번 '옳거니!'를 외치며 뱀들을 찾아나선 김씨. 하지만 유감스럽게도 신발을 도둑맞은 궁녀들이 세종에게 김씨를 일러바치면서 이 사건의 전말이 들통나게 되었다.

어이가 없는 세종은 뜻밖의 결정을 내린다. 남편의 사랑을 받고자 한 행동들이었지만 세종은 왕실의 권위를 떨어뜨린 세자빈의 행동을 용서하지 않았다. 아들 이향 또한 그녀를 비호하는 모습을 보이지 않았고 결국 세종은 며느리 김씨를 가차 없이 내쫓아버렸다. 남편의 사랑을 갈구하다 그만 세자빈의 자리에서 쫓겨나게 된 것이다.

안타깝지만 어찌 됐든 세종은 또 다른 며느리를 들여야 했다. 이번엔 심혈을 기울여 세자에게 어울리는 여인을 간택했고,

김씨가 쫓겨난 지 3개월 뒤 두 번째 며느리를 맞이했다.

그러나 세종은 차라리 첫 번째 며느리가 더 나았다고 땅을 치며 후회하는 모습을 보일 줄은 꿈에도 몰랐다.

상상 임신과 동성애, 두 번째 며느리

세자 이향의 두 번째 세자빈은 양반집 딸 순빈 봉씨였다. 한 번의 결혼 실패로 이향도 큰마음을 먹고 아내 봉씨와 좋은 관계를 유지하기 위해 노력했다.

하지만 또다시 무슨 이유에서인지 세자 이향은 봉씨를 점점 멀리하기 시작했다. 이런 안타까운 모습에 세종은 이향을 불러다 다그쳤다.

"아들아. 애는 낳아야 할 것 아니냐. 어여 합방하거라."

이에 세자는 억지로 관계를 맺었지만 이미 떠난 마음은 돌릴 수 없었다. 시간이 지날수록 아내를 거들떠보지도 않았고, 당연히 아이는 생기지 않았다. 결국 세종은 세손을 보기 위해 세자의 후궁을 들이는 것을 명했다.

놀랍게도 세자는 후궁들에게만큼은 열정적인 사랑꾼이었다. 이향에게서 사랑을 듬뿍 받은 후궁들은 세자의 아이를 임신하게 되었고, 이는 왕실의 크나큰 축복이나 다름없었다. 하지만 이런 소식은 세자빈 봉씨에게는 위기로 다가올 수밖에 없었다.

분노와 원망에 찬 그녀는 항상 울면서 이렇게 말했다.

'권승휘(후궁)**가 아들을 두게 되면 나는 쫓겨나야 할 거야.'**

—《세종실록》 75권, 세종 18년 10월 26일 무자 2번째 기사

이를 들은 세종 부부는 마음이 좋지 않았다. 남편의 관심을 받지 못하여 서글프게 우는 며느리가 안타까워 세종 부부는 세자에게 다시 합방을 권유하였다.

그렇게 세자는 봉씨와 몇 번의 동침을 시도했는데, 어느 날 봉씨가 아이를 잉태했다는 소식이 전해졌다. 당연히 정실부인에게서 낳은 아이가 더 귀했기 때문에 기쁨에 사무친 세종은 며느리를 각별히 대우하도록 명했다.

하지만 안타깝게도 한 달 뒤, 침울한 표정을 한 봉씨가 아이를 유산했다며 이렇게 말했다.

"단단한 물건이 형체를 이루어 나왔는데 지금 이불 속에 있

습니다."

그런데 여기서 더 충격적인 것은 늙은 궁녀를 시켜 확인해보았지만, 이불 속에는 아무것도 보이지 않았다. 이 모든 것이 거짓말이었던 것이다.

> **봉씨가 또 스스로 말하기를, "낙태를 하였다."고 하면서, "단단한 물건이 형체를 이루어 나왔는데 지금 이불 속에 있다."고 하므로, 늙은 궁궐 여종으로 하여금 가서 이를 보게 했으나, 이불 속에는 아무 것도 보이는 것이 없었으니, 그가 말한 "임신했다."는 것은 거짓말이었다.**
>
> —《세종실록》75권, 세종 18년 10월 26일 무자 2번째 기사

그래도 세종은 며느리를 내칠 수 없었다. 이미 첫 번째 며느리를 폐출시켰기에 두 번째 며느리마저 내친다면 그것은 왕실의 수치였다. 그래서 점차 봉씨가 술 마시고 깽판을 치며 미쳐가도 참고 또 참아왔지만, 결국 그녀를 퇴출시킬 수밖에 없는 사태가 벌어지고 만다.

어느 날 궁궐에서 뜻밖의 소문이 돌기 시작했다. 봉씨가 밤마다 한 여종과 잠자리를 같이한다는 것이었다. 이런 말도 안 되는 소리에 세종은 그 여종을 불러다 진상을 물었더니 여종이 대답했다.

"세자빈께서 저를 불러 내전으로 들어오게 하셨고… 저에게 같이 자기를 요구하였지만 저는 이를 사양했습니다. 그러자 빈께서 윽박지르며 말하여 저는 마지못해 옷을 한 반쯤 벗고 병풍 속에 들어갔더니, 빈께서 저의 나머지 옷을 다 빼앗고 강제로 들어와 눕게 하여, 남자의 교합하는 형상과 같이 서로 희롱하였습니다."

—《세종실록》 75권, 세종 18년 10월 26일 무자 2번째 기사

당시 성리학 관점으로 보면 이는 도저히 있을 수 없는 사건이었다. 헤아릴 수 없을 만큼 분노한 세종은 가차 없이 그녀를 폐출시키기에 이른다.

그렇게 두 번째 세자빈 봉씨마저 남편의 사랑을 갈구하다 결국 파멸의 길로 접어들었다.

세종의 마지막 며느리, 권씨

세자빈이 두 차례나 폐위되자 세종은 큰 고민에 빠졌다. 차기 임금이 될 세자가 후사를 못 본다는 것은 있을 수 없는 일이었다. 그래서 세자빈의 자리를 오래 비워두면 안 됐으니 신속히 세자의 배필을 정해야 했다. 고심 끝에 세종은 기존에 세자가 총애하는 후궁들 중 한 명을 선택하기로 결심했다. 세자가 매우 아끼는 후궁 두 명이 있었다. 권씨와 홍씨.

세종은 대신들에게 말했다.

"세자의 뜻은 홍씨를 낮게 여기는 듯하나, 내 뜻은 권씨를 적당하다고 생각한다. (…중략…) **권씨가 나이 조금 많고 관직이 또 높다. 또 권씨는 이미 딸을 낳았으니, 그러므로 의리상 마땅히 세자빈으로 세워야 될 것이다."**

—《세종실록》75권, 세종 18년 12월 28일 기축 1번째 기사

세자가 홍씨를 더 좋아하지만 권씨가 나이가 좀 더 많고 이미 딸을 낳아본 경험이 있었다. 그래서 후일에 아들을 낳을 가능성이 높은 권씨가 세자빈으로 적합하다는 뜻이었다.

그리하여 세 번째 세자빈으로 뽑힌 권씨가 바로 훗날 단종의 어머니 현덕왕후였다.

세종이 기대한 대로 권씨는 1441년 아들을 낳게 된다. 드디어 기다리고 기다리던 원손을 보게 되었으니 세종과 이향은 크게 기뻐했다고 전해진다.

하지만 안타깝게도 이향은 아내 복이 정말 지독하게 없었다. 세 번째 부인마저 아들을 낳은 직후 죽고 만 것이다.

세자 이향은 세종 말기에 8년간 아픈 세종을 대신해 대리청정으로 정사를 책임졌다. 세종을 닮아 뛰어난 능력으로 국정을 운영했고 수많은 업적을 이뤄낸 엄친아 그 자체였다. 그러다 세종이 승하하고 세자 이향은 '문종'으로 즉위하게 된다.

하지만 문종은 재위 2년 만에 숨을 거두었다. 그 전에도 종기로 매번 고생하는 등 건강이 좋지 않았으나, 세종의 승하 이후에는 병세가 급격하게 악화되어 39세의 젊은 나이로 세상을 떠난 것이다. 재위 기간이 짧아서인지 문종은 왕이 된 후에도 결혼을 하지 않았다. 조선의 왕들 중 유일하게 왕비가 없는 임금이었다. 그리고 이는 유감스럽게도 문종의 어린 아들 '단종'이 왕위에 올랐을 때 그를 보호해야 할 어른이 없다는 것을 의미했다.

찬란한 태평성대에 왕이 된 단종에게는 앞으로 역사상 최악의 불행이 기다리고 있었다.

5장

김종서와 대신들의 조선 vs 수양대군의 조선

병상에 누워 있던 문종은 고명대신(임금의 유언으로 나라의 뒷일을 부탁받은 대신)들을 불러 모았다. 아들 단종이 왕위에 오르기에는 너무 어린 12살의 나이였기 때문이다. 또한 어린 임금이 즉위할 경우 대왕대비 또는 왕대비가 대신 정사를 돌보는 수렴청정을 하는 것이 일반적인데, 단종의 할머니 소헌왕후는 세종보다 먼저 생을 떠났고, 어머니 현덕왕후는 세자빈 시절 단종을 낳다 죽었다. 왕실에 단종을 보호해줄 어른은 없었다.

"내가 죽거든 나의 어린 아들을 잘 부탁한다."

문종의 유언을 받든 고명대신 좌의정 김종서, 영의정 황보인 등은 세종 시절부터 신임을 받던 인물들이었다. 특히 큰 호랑이로 불리던 김종서는 정계의 실권자였다.

그렇게 단종이 왕위에 오르자 김종서를 필두로 고명대신들은 권력을 잡아 단종을 보필하기 시작했다. 그중 가장 대표적인 것은 황표 정사였다. 이는 문종이 어린 단종을 걱정해 만든 인사 제도로, 김종서 등 대신들이 선택한 이름에 누런 종이쪽지인 황표를 붙이면 단종이 그대로 임명하는 구조였다.

물론 충성심이 깊은 고명대신들이 임금을 위해 시행한 제도이긴 했지만 사실 많은 문제점을 가지고 있었다. 무엇보다 왕권이 약화되고 김종서의 세력이 강해질 수밖에 없었다.

그중에 쓸 만한 자 1인을 취하여 황표를 붙여서 아뢰면 노산군 단종이 다만 붓으로 낙점할 뿐이었다. 당시 사람들은 이를 '황표 정사'라고 일컬었다.

—《단종실록》 2권, 단종 즉위년 7월 2일 계사 3번째 기사

이로 인해 세종 시절부터 많은 공을 세운 집현전 학사들에게서 황표 정사를 비판하는 여론이 많아졌고 신료들 간에 분열 양상이 초래되었다. 그리고 왕의 입지가 줄어드니 당연하게도 왕실 종친들의 불만을 사게 되었다.

결국 이를 명분으로 곧 엄청난 규모의 폭풍이 조선에 몰아닥치게 된다.

사대주의 조선은 새로운 왕이 등극할 시 명나라의 인정을 받기 위해 사신들이 머나먼 중국 땅으로 발걸음을 옮겨야 했다. 단종이 즉위했을 땐 세종의 둘째 아들이자 문종의 친동생이 직접 자원해 그 험난한 사행길에 나섰다.

수양대군. 그는 카리스마가 넘치고 무武를 대표하는 인물이었다. 형 문종을 잘 따르긴 했지만 종종 임금처럼 말을 하고, 죄를 지어 잡혀온 스님을 마음대로 풀어주는 등 권력욕을 조금씩 드러내곤 했다. 조카의 왕위를 인정하며 명나라로 떠난 그였지만, 사실 그의 검은 속내는 따로 있었다. 김종서를 필두로 한 신하들이 정국을 휘어잡았으니 보잘 것 없어지는 왕실의 권위를 바로잡아야겠다고 생각한 것이다. 어쩌면 이때부터 그의 목적은 왕위 찬탈이었을까. 어쨌든 수양대군은 김종서 세력의 경계심을 누그러뜨리기 위해 명나라로 이동했고, 은밀하게 한명회, 신숙주와 같은 브레인들을 포섭하기 시작했다. 그리고 이때 그의 핵심 참모 한명회는 이렇게 말했다.

"가장 먼저 죽여야 할 사람은 김종서입니다."

이미 한명회는 거대한 피바람이 휘몰아칠 쿠데타를 준비하며 숙청해야 할 살생부를 작성하고 있었다.

한편 김종서는 강해지는 수양대군의 세력을 견제하려는 작업에 들어갔다. 세종의 셋째 아들이자 수양대군의 친동생인 안평대군과 손을 잡은 것이다. 안평대군은 수양대군만큼이나 막강한 세력과 함께 야심만만한 인물이었기에 수양대군으로선 큰 위협이 될 가능성이 농후했다. 이에 수양대군은 결단을 내리게 된다.

계유정난, 피바람을 일으키다

1453년 음력 10월 10일. 밤의 적막과 싸늘한 기운만이 감도는 와중, 수양대군은 수하의 병사들을 불러 모아 입을 열었다.

"지금 간신 김종서 등이 권세를 희롱하고 정사를 휘두르니 군사와 백성을 돌보지 않아서 원망이 하늘에 닿았다. 임금을 무시하고 간사함이 날로 자라서 비밀히 이용 안평대군에게 붙어서 장차 불궤한 짓을 도모하려 한다. 당원黨援이 이미 성하고 화기禍機가 정히 임박하였으니, 이때야말로 충신 열사가 대의를 분발하여 죽기를 다할

날이다. 내가 이것들을 베어 없애서 종사를 편안히 하고 자 하는데, 어떠한가?"

—《단종실록》8권, 단종 1년 10월 10일 계사 1번째 기사

이것은 역모였다. 역모의 정당성을 부여하기 위해 구구절절 얘기했지만 명백한 반역이었다. 군사들이 웅성거리기 시작했으며 겁에 질려 자리를 떠나는 이들도 발생했다. 이에 당황한 수양대군은 한명회에게 계책을 물었고 그는 즉시 대답했다.

"모의가 이미 먼저 정하여졌으니, 지금 의논이 비록 통일되지 않더라도 그만둘 수 있습니까? 청컨대 공公이 먼저 일어나면 따르지 않을 자가 없을 것입니다."

—《단종실록》8권, 단종 1년 10월 10일 계사 1번째 기사

결심이 선 수양대군은 만류하는 자들을 뿌리치고 하늘을 가리켜 맹세했다.

"운명을 하늘에 맡긴다. 장부가 죽으면 사직社稷에 죽을 뿐이다. 따를 자는 따르고, 갈 자는 가라. 나는 너희들에게 강요하지 않겠다. 만일 고집하여 사기事機를 그르치는 자가 있으면 먼저 베고 나가겠다."

—《단종실록》8권, 단종 1년 10월 10일 계사 1번째 기사

말이 끝나기 무섭게 그는 준비된 수하들과 즉시 이동했다. 살생부에 적힌 1순위 인물, 김종서의 집으로 향한 것이다. 그렇게 역모가 시작됐다.

김종서의 집 앞에 도달한 수양대군은 김종서를 보길 청했다. 김종서는 그를 환대하며 안으로 들어오라 권했지만 군이 여러 차례 거절하며 김종서를 집 밖으로 끌어냈다. 그리고 수양대군은 태연하게 웃으며 먼저 입을 열었다.

"해가 저물었으니 문에는 들어가지 못하겠고…. 청을 드리는 편지가 있습니다."

그가 역모를 꾸민다고 전혀 생각하지 못한 김종서는 아무런 의심 없이 그의 편지를 받고 물러섰다. 그리고 편지를 달빛에 비춰 보는 순간, 둘 사이에 흐르던 적막이 깨졌다. 수양대군의 신호를 받은 수하가 소리를 지르며 김종서에게 달려들었고, 순식간에 철퇴로 그의 머리를 가격했다. 이어 김종서를 지키는 그의 아들과 주변인들도 속절없이 살해당했다.

피바람의 서막이 열린 것이다.

김종서를 시작으로 살생부에 적혀 있던 반대 세력 수십 명이 대거 학살되기 시작했다. 그리고 자신의 동생 안평대군마저 김종서의 세력이었기에 유배 보내진 뒤 끝내 죽음을 면치 못했다.

당연하게도 실권을 장악하게 된 수양대군은 단종의 명을 빙

자해 자신의 입맛에 맞게 조정을 개편하기 시작했다. 온갖 직위를 본인이 겸직하며 단종을 단지 꼭두각시 임금으로 만들었다. 재미있는 것은 그는 이때까지도 어지러운 정국을 바로잡았을 뿐 왕위에 전혀 관심 없다는 듯 행동했다는 것이다.

하지만 2년 후, 역시나 그는 천하를 지배하는 임금이 되고 싶었다. 비정한 야심으로 어린 조카를 상왕으로 몰아내 유배를 보낸 뒤, 1455년 조선 제 7대 왕 '세조'로 즉위하게 된다.

수양대군을 왕으로 인정하지 못한 사육신

계유정난을 일으킬 때만 해도 많은 신하들은 세조를 지지하는 편이었다. 단지 어지러운 정치 질서를 회복시키려 한 행동들로 받아들인 것이다. 하지만 그의 왕위 찬탈 행위는 도저히 용납할 수 없는 반역이었다. 단종을 섬기는 충신들에게 세조는 임금이 아닌 그저 반역자일 뿐이었다. 이처럼 세조를 왕으로 인정하지 않고 크게 분노하는 이들이 있었으니, 바로 사육신.

성삼문, 박팽년, 하위지, 이개, 유성원, 유응부, 6명을 가리켰다. 세종과 문종의 총애를 받던 집현전 학사들이자 조선을 위해 한 몸을 바친 충신들이었다. 세조의 잔인하고도 비윤리적인 행위는 그들을 분개하게 만들기에 충분했다.

"수양대군을 끌어내 단종을 복위시킵시다!"

성삼문은 궁궐 깊이 유폐되어 있던 단종을 찾아가 계획을 말했고, 단종은 지지한다는 뜻으로 성삼문에게 칼을 하사했다.

그들은 계획을 구체화했다. 마침 명나라 사신이 조선에 들른다는 소식이 전해졌고, 유응부가 세조를 보호하기 위해 칼을 들고 왕을 지키는 별운검에 임명된 것이다. 세조가 명나라 사신을 맞이할 때, 그 순간 유응부가 세조를 암살하겠다는 계획이었다. 이에 사육신을 포함해 여러 집현전 학사들 및 무인들이 주동해 거사를 치를 날만을 기다렸지만, 안타깝게도 그들의 계획에 차질이 생긴다.

세조의 책사 한명회가 연회장이 너무 협소해 별운검을 폐지해야 한다고 주장했다. 이에 누구보다 한명회를 신뢰하던 세조는 친히 별운검을 취소시켰고 어쩔 수 없이 거사를 연기할 수밖에 없었다. 무슨 수를 써서라도 거사를 진행했다면 역사는 달라졌을지도 모르지만, 거사를 미룬 것은 크나큰 패착이었다.

목숨을 건 역모 계획에 차질이 생길수록 두려움에 떠는 이들이 생기기 마련이다. 이때 거사에 참여하기로 한 김질이란 인물이 그러했다. 실패에 대한 두려움 때문에 장인어른을 찾아가 암살 계획을 모두 실토한 것이다. 결국 장인은 김질과 함께 세조를 찾아가 이 모든 사실을 일러바쳤다. 분노에 찬 세조는 즉시 주모자들을 잡아들이도록 명했고, 그렇게 단종 복위 운동은 실패로 돌아간다.

헤아릴 수 없을 만큼 분노한 세조는 직접 국문(국청에서 형장을 가하여 중죄인을 신문하던 일)을 시작했다. 그리고 사육신 중에는 과거 세조와 가깝고 친한 인물들도 있었으니 참 아이러니한 상황이 아닐 수 없었다. 결국 모진 고문 끝에 모든 사실을 자백받은 세조는 사지를 찢어 죽이는 최악의 형벌인 거열형을 명했다. 여기서 그치지 않고 사육신 가족의 경우 남자는 모두 살해했고, 여자는 노비로 보내졌으며, 사육신을 도왔던 70여 명의 사람들은 모두 처형되기에 이르렀다.

한편 단종 복위 운동은 한 번 더 일어나게 되는데, 세조의 친동생이자 세종의 여섯 번째 아들 금성대군이 몰래 거사를 준비하고 있었다. 그러나 이를 들은 관노의 고발로 결국 금성대군은 사형을 당하며 거사는 시작도 하지 못한 채 실패로 돌아갔다.

이쯤 되니 세조는 살아 있는 단종이 문제라는 판단이 들었다. 여기저기서 생기는 잡음들을 잠재우기 위한 방법은 오직 조카 단종의 죽음뿐이라 생각했다. 당시 왕실 최고 어른이었던 양녕대군을 비롯한 대소 신하들은 밤낮을 가리지 않고 단종의 사형을 주장하며 세조의 결정을 지지했다. 특히 양녕대군은 세조의 편에 서서 세종의 자손인 단종, 안평대군, 금성대군을 죽이는 것에 힘을 보탰다. 결국 처참한 유배 생활을 하던 단종은 삼촌의 명에 의해 비극적인 죽음을 맞이하게 된다.

비정하고 냉혹한 세조의 모습은 할아버지 태종의 모습과 닮은 부분이 있다. 실제로 세조는 나름 백성들의 삶을 안정시키기 위해 노력했고, 조선 최초의 법전인 경국대전 편찬을 시작하는 등 많은 업적도 이루었다. 또한 왕권을 강화하려는 시도를 보이기도 했다. 하지만 공신들과 최측근 그 누가 됐건 모조리 숙청해 강력한 왕권을 손에 쥔 태종과는 달리 세조는 한없이 퍼주다시피 공신들을 우대했다. 그로 인해 날이 갈수록 공신들의 힘이 막강해져 부패와 횡포를 일삼으며 나중에는 왕권이 바닥을 치게 된다.

조선의 시스템은 이때부터 망가지기 시작했다. 아무리 능력 있는 군주라 포장되어도 명분도 없는 비윤리적인 왕위 찬탈은 패륜 행위 그 이상도 이하도 아니었다.

사람이 죄를 지었으면 벌을 받는 게 세상의 이치라 했던가. 그의 말년은 비참했다고 전해진다. 세조가 즉위한 지 3년 만에 그의 장남 의경세자가 19살의 나이로 갑자기 요절했고, 둘째 아들 예종이 훗날 왕위에 오르지만 재위 13개월 만에 피부병으로 숨을 거뒀다. 또한 세조 본인도 고칠 수 없는 피부병으로 고통을 받았다. 그는 계유정난에 관계되어 귀양을 가거나 노비가 된 이들을 풀어주고는 51세의 나이로 숨을 거둔다.

6장

성군으로 평가받는 성종의 여자 사랑

세조가 세상을 떠나고 그의 둘째 아들이 '예종'으로 즉위했다. 그러나 안타깝게도 그는 재위 13개월 만에 요절해 역대 왕들 중 재위 기간이 가장 짧은 왕으로 남게 된다.

한편 연이은 임금의 승하에 어수선해진 왕실에서는 즉시 다음 후계자를 정해야 했다. 그렇게 후보로 오른 이들이 예종의 어린 아들 제안대군과 예종의 일찍 죽은 형이자 세조의 맏아들, 의경세자의 두 아들들이었다.

당시 왕실의 최고 어른이었던 정희왕후는 여러 권신들을 불러 모아 후계자를 논의했다. 원래 법도대로라면 예종의 아들 제안대군이 왕위에 올라야 했지만 네 살배기로 너무도 어린 나이였다. 또한 의경세자의 첫째 아들인 월산대군은 항상 허약한 몸에 빌빌대니, 건강하고 총명한 둘째 아들 자을산군이 왕위에 적합하지 않겠느냐는 의견이었다. 사실 당대 최고 권신 한명회의 딸이 자을산군에게 시집을 갔고 한명회의 사위라는 점이 권력을 뒷받침해줄 수 있었을 것이다.

그리하여 자을산군이 조선 제 9대 왕 '성종'으로 즉위했다.

13살의 어린 나이로 임금이 되어 할머니 정희왕후가 약 7년간 대신 정사를 돌보는 수렴청정을 실시했다. 그리고 20살 성인이 된 뒤부터 성종이 본격적으로 치세를 시작하는데… 그의 능력은 가히 출중했다. 할아버지 세조가 만든 폐단을 처리하며 조선의 기틀을 다졌고, 기고만장한 권신들을 견제하기 위해 사림

(조선 초기, 산림에 묻혀 유학 연구에 힘쓰던 문인들의 한 파) 세력을 끌어들이는 노력을 했다. 또한 조선 최초의 기본 법전인 경국대전을 완성함으로써 유교 사상을 확실히 정착시키며 평화로운 시대를 만든 그였다.

그러나 이런 완벽한 성군의 모습에 한 가지 흠이 있었으니, 바로 여색에 환장했다는 것이다. 그리고 이는 훗날 조선에 유례없는 대학살극의 불씨가 된다.

성종의 사랑을 듬뿍 받은 여인, 윤씨

성종이 왕이 되기 전 11살의 나이에 첫 번째로 맞이한 부인은 한명회의 딸 공혜왕후 한씨였다. 어린 시절부터 함께해온 둘은 서로를 의지하며 별 문제없이 부부생활을 이어갔다. 하지만 성인이 되어도 그녀가 임신을 하지 않자 성종은 근심이 들었다.

"후사를 보아야 하는데 어쩌지…."

어쩌긴 뭘 어째, 곧바로 후궁들을 들이기 시작했다. 마음씨 착한 중전 한씨는 본인이 자식을 두지 못한 것에 미안함을 느끼며 후궁들을 질투하지 않았다. 하지만 점점 몸에 병이 들기 시작하더니 결국 19살의 젊은 나이에 생명을 잃게 된다.

중전 한씨가 죽자 궁궐에서는 후궁들의 치열한 암투가 벌어졌다. 중전의 자리야말로 세상의 모든 것을 갖는 것과 같으니, 왕비가 되기 위한 신경전이 대단할 수밖에 없었다. 이때 성종이 단박에 매료된 환상적으로 아름다운 여인 윤씨가 등장한다. 성종이 대신들을 불러 모아 선언했다.

> **"윤씨가 평소에 허름한 옷을 입고 다니고 참 검소하단 말이지. 또 얼마나 겸손하고 어른을 공경하는지, 어머니들도 다들 윤씨를 예뻐하신다니깐. 그러니까 왕비로 책봉한다!"**
>
> —《성종실록》 70권, 성종 7년 8월 9일 기묘 2번째 기사

윤씨는 윤기견의 딸로, 아버지를 일찍 여의고 어머니의 손에서 자랐다. 사실상 큰 빽도 없는 집안이었지만, 후궁의 첩지를 받고 이제는 한 나라의 왕비까지 되었으니 그녀에게 있어선 정말 꿈같은 나날이 펼쳐진 것이었다. 이처럼 성종의 사랑을 듬뿍 받은 윤씨는 경사롭게도 곧바로 임신을 하게 된다.

왕실에서는 한껏 들떠 대를 이을 왕자만 낳아준다면 그녀에게 더 이상 바랄 게 없었다. 윤씨는 이에 보답하듯 왕자를 출산하는데, 그가 바로 훗날 '연산군'이다.

원자를 낳은 중전 윤씨의 위상은 더욱 높아져만 갔다. 그러

나 1년도 채 되지 않아 얼굴이 붉어진 성종이 화를 내며 신하들에게 외쳤다.

"당장 윤씨를 중전 자리에서 폐출시켜야 하는 것이 어떠한가!"

도대체 무슨 일이 있었던 것일까?

성종은 20살의 혈기왕성한 청년이었고, 다른 왕들보다 유독 여색을 밝히는 인물이었다. 점점 후궁의 수를 늘렸고 다른 여인들의 침소에 드는 일이 잦았다. 그럴 때마다 윤씨는 초조해졌다. 임금의 총애와 원자만이 자신의 유일한 권력이라 생각했기에 절대 남편을 뺏길 수 없었다. 결국 집착에 가까운 모습을 보인 그녀는 분노조절장애급의 패악질을 선보이게 된다.

남편의 사랑을 가로챈 후궁들이 너무나도 미웠던 윤씨와 후궁들과의 마찰은 잦아졌다. 그러던 어느 날 왕실에서 한바탕 소동이 발생했다. 성종이 윤씨의 방에 들어갔더니 그곳에 비상이라는 독약과 저주하는 방법을 담은 방술서가 발견된 것이다. 질투에 눈이 멀어 후궁들을 독살하려 한 것인지, 왕에게 먹이려 한 것인지 모르지만 비상을 갖고 있다는 것 자체만으로 큰 죄에 해당했다.

이 여자를 곁에 두었다가는 큰일 나겠다 생각한 성종은 그녀의 폐출을 신하들과 논의했다. 신하들은 섣불리 그녀를 폐위시킬 수 없었다. 태어난 원자를 생각해서라도 한 번만 봐주자는 의견이 주를 이뤘다. 결국 성종도 원자를 생각해서 비상과 방술서를 반입한 나인 삼월을 교수형에 처하는 선에서 마무리하게 된다. 물론 이때부터 윤씨는 성종의 불신과 시어머니인 인수대비의 경멸을 받게 되었고, 그녀의 입지는 점점 좁아졌다.

가만히만 있어도 왕이 된 아들 곁에서 권력을 누릴 수 있는 위치에 있었건만, 중전 윤씨는 가만히 있지 못하는 여인이었다. 시어머니 인수대비가 보다 못해 윤씨를 꾸짖을 때마다 그녀는 손을 턱에 괴고 성난 눈으로 노려보며 응수하는 패기를 선보이기까지 했다.

> **만일 우리들이 바른말로 책망을 하면, 저는 손으로 턱을 고이고 성난 눈으로 노려보니, 우리들이 명색은 어버이인데도 이러하였다. 그런데 하물며 주상에게는 패역한 말까지 많이 하였으니, 심지어는 주상을 가리키면서 말하기를, "발자취까지도 없애버리겠다."고 하고, 또 스스로 "상복을 입는다." 하면서 여름철에도 표의表衣를 벗고 항상 흰 옷을 입었다.**
>
> —《성종실록》 144권, 성종 13년 8월 11일 정미 6번째 기사

이러한 막장 행보가 연이어지다 패악질의 끝인 비극적 사건이 발생한다.

남편의 사랑을 갈구한 아내의 비극

때는 그녀의 생일인 1479년 6월 1일. 이미 있던 정도 다 떨어졌던 걸까. 아내의 생일임에도 성종은 다른 후궁의 방에서 시간을 보낸다. 이에 뚝배기가 열릴 대로 열려버린 윤씨.

"감히 내 생일에 다른 년이랑 잠을 자?"

분노에 찬 윤씨는 빛의 속도로 달려가 남편이 있는 방문을 열고 대판 싸움을 벌였다.

보통 미디어에는 윤씨가 후궁과 싸우던 와중에 옆에서 말리는 성종의 얼굴에 그녀가 손톱으로 상처를 입혔다고 전해진다. 이는 야사를 인용한 것이고, 실제 실록에서는 차마 말할 수 없지만 윤씨가 후궁의 방에 느닷없이 들어왔다고만 기록되어 있다.

> **지금 중궁의 소위所爲는 길게 말하기가 어려울 지경이다. 내간內間에는 시첩侍妾의 방이 있는데, 일전에 내가 마침 이 방에 갔는데 중궁이 아무 연고도 없이 들어왔으니, 어찌 이와 같이 하는 것이 마땅하겠는가? 예전에 중궁의 실덕失德이 심히 커서 일찍이 이를 폐하고자 하였으나, 경들이 모두 다 불가하다고 말하였고, 나도 뉘우쳐 깨닫기를 바랐는데, 지금까지도 오히려 고치지 아니하고, 혹은 나를 능멸하는 데까지 이르렀다.**
>
> —《성종실록》105권, 성종 10년 6월 2일 정해 1번째 기사

그러나 손톱자국의 진실은 중요하지 않았다. 참다못한 성종이 울분을 토하며 그동안 당해온 상상도 못할 그녀의 만행들을 말했다.

> **"윤씨가 나에게 곤욕을 준 일은 이루 다 말할 수 없다. 심지어는 나를 가리키면서 말하기를, '그 눈을 빼고, 발자취까지도 없애버리며, 그 팔을 끊어버리고 싶다.' 하였다. 그러니 나를 어떠한 사람으로 여기기에 이러한 말을 하였겠는가? 또한 차고 다니는 작은 주머니에 항상**

비상을 가지고 다녔으며, 또 곶감에 비상을 섞어서 상자 속에 넣어 두었으니, 무엇에 쓰려는 것이겠는가?"

—《성종실록》144권, 성종 13년 8월 11일 정미 2번째 기사

그리고 늘 말하기를, "내가 오래 살게 되면 후일에 볼만한 일이 있을 것이다." 하였다. 이는 그가 어린 원자가 있기 때문에 후일의 계획을 한다는 것이니, 우연한 말이 아니다.

—《성종실록》144권, 성종 13년 8월 11일 정미 6번째 기사

그간 거의 협박과 살인 예고를 그것도 임금 면전에다가 대고 퍼부은 것이었다. 결국 신하들의 만류에도 성종은 윤씨를 가차 없이 내쫓기로 결심했다.

그렇게 칠거지악, 즉 아내를 내쫓는 이유가 되는 일곱 가지 사항 중 '말이 많으면 버린다, 순종하지 아니하면 버린다, 질투를 하면 버린다.'

—《성종실록》105권, 10년 6월 2일 정해 1번째 기사

칠거지악 중 이 세 가지에 의해 윤씨는 폐비가 되어 퇴출당한다. 그러나 그녀의 비극은 여기서 끝이 아니었다.

윤씨가 쫓겨난 지 2년 후에, 윤씨의 집에 도둑이 든 것을 가엾게 여긴 신하들이 그녀를 좀 더 대우해주는 게 어떻겠냐는 의견에 성종은 성을 내며 말했다.

> **"윤씨의 죄악에 대하여 마땅히 대의로써 단죄해야 하겠지마는, 내가 참고 그를 단죄하지 않았으니, 그가 목숨을 보존한 것만도 다행이다. 그런데 공봉供奉하고자 함은 어째서인가? 그대들이 만일 그 가난하고 헐벗음을 불쌍히 여기는 것이라면, 어찌하여 그대들의 녹봉으로써 공급하지 않는가? (…중략…) 그대들은 윤씨의 신하인가, 이씨의 신하인가?"**
>
> —《성종실록》144권, 13년 8월 11일 정미 2번째 기사

결국 원자는 장성하는데 사람들의 마음이 안정되지 못하고 어지러우니, 성종은 마침내 큰 결심을 내린다. 훗날 원자가 왕이 되었을 때 윤씨의 악행이 조정을 뒤흔들 것이라 판단했기 때문이다.

"그녀에게 독약을 내려 자결하도록 해라!"

그렇게 폐비 윤씨는 사약을 받고 비극적으로 생을 마감하게 된다.

원자를 위해서 윤씨를 사사한 성종은 약 10년이 지나 38세

의 젊은 나이로 숨을 거두었다. 그러나 그는 알지 못했다. 훗날 어머니의 죽음을 명분으로 유례없는 희대의 대학살극을 자행할 작은 불씨가 남아 있었음을.

7장

역사상 최악의 폭군

아내 폐비 윤씨를 죽인 성종은 신하들을 불러 모아 신신당부했다.

"이 사건을 100년 동안 입에도 담지 말라."

그리고 1494년, 성종이 승하하자 폐비 윤씨의 아들 이융이 왕위에 올랐다. 그가 바로 '연산군'이다. 그의 어머니가 폐출될 때 연산군의 나이는 고작 네 살배기 어린아이였다. 그리고 3년 후에 성종이 폐비 윤씨를 죽였으니, 연산군은 아무것도 모른 채 성종의 새로운 왕비 정현왕후 윤씨의 손에서 성장했다.

시간이 지나 연산군이 어머니의 비극을 알게 된 건 즉위 직후였다. 그는 성종의 묘지문을 보다가 폐비 윤씨의 아버지, 윤기견의 기록을 보게 된다. 낯선 이름에 의아하던 연산군은 신하들에게 말했다.

> **"이른바 판봉상시사 윤기견**尹起畎**란 이는 어떤 사람이냐? 혹시 영돈녕 윤호**尹壕**의 이름을 잘못 적은 것이 아니냐?"**
>
> **—《연산군일기》 4권, 연산 1년 3월 16일 기해 3번째 기사**

윤호란 연산군이 어머니로 알고 자란 정현왕후 윤씨의 아버지였다. 이에 신하들이 대답했다.

"사실 그는 폐비 윤씨의 아버지입니다."

이때 연산군이 비로소 친어머니의 존재를 알게 되었고, 그녀가 폐위되어 비극적 죽음을 맞이했다는 사실까지 듣게 되었다. 큰 충격에 빠진 연산군은 그날 아무런 말도 하지 않은 채 식음을 전폐했다고 기록되어 있다. 그리고 이는 훗날 나라가 송두리째 불타버릴 잔인한 복수극의 기폭제가 된다.

> **왕이 비로소 윤씨가 죄로 폐위되어 죽은 줄을 알고, 수라水剌를 들지 않았다.**
>
> **―《연산군일기》 4권, 연산 1년 3월 16일 기해 3번째 기사**

놀랍게도 재위 초반 그의 모습은 꽤나 안정적으로 국정을 운영한 임금이었다. 전국 모든 지역에 암행어사를 파견해 백성들을 살피는 모습을 보이기도 했다. 폭군의 이미지와는 정반대로 연산군의 4년 동안의 치세는 가장 평화로운 태평성대의 시기였다. 특히 그는 막강한 신하들의 힘을 견제하기 위해 노력했다.

세조 때 권력을 얻은 공신 훈구파가 성종 시기에 활개를 치다 연산군 시기까지 넘어왔다. 성종은 걷잡을 수 없이 커진 훈구파를 견제하기 위해 새로운 세력을 끌어들였다. 명분과 도의를 중시하는 사림파를 말이다.

그들은 대간의 자리에 등용되었다. 대간이란 국왕의 잘못된 업무를 비판하고 명령을 거부하는 업무를 가진 이들이었다. 그렇게 사림파로 이루어진 대간들은 훈구파를 신나게 비판하면서 막강한 훈구 세력을 견제했다. 그러나 오히려 성종 시기부터는 사림파의 세력이 너무 강해져 왕권을 제약하기에 이르렀다. 막강한 정통성과 권력욕을 지닌 연산군은 이 상황이 썩 마음에 들지 않았다.

"명색이 한 나라의 임금이 신하들한테 휘둘리며 살아야 쓰겠나?"

뭐만 하면 일단 세게 태클부터 걸고 시작하는 대간들과 연산군 사이에 사사건건 마찰이 생겼다. 또한 지긋지긋한 학문을 강요하며 귀찮게 구는 사림파들에게 짜증이 날 지경이었다.

그러다 때마침 재위 4년째인 1498년, 그들을 싹 쓸어버릴 절호의 기회가 생긴다.

그의 첫 번째 피바람, 무오사화

평화롭던 무오년의 어느 날(1498년), 훈구파 이극돈 및 훈구 세력들이 다급하게 달려와 임금에게 충격적인 보고를 올렸다.

"전하, 사림파 김일손이 실록의 사초(사관이 기록하여 둔 사기의 초고)를 작성하였는데, 그 내용이 용서할 수 없을 정도로 심각합니다."

사건의 전말은 이랬다. 성종이 승하해 《성종실록》의 편찬을 시작했는데, 실록의 사초를 담당했던 사림파 김일손이 하나같이 선대 왕 세조를 모독하고 왕실을 욕보이는 글을 쓴 것이 밝혀진 것이다. 그것도 근거 없이 어디서 주워들은 뇌피셜로 끄적

여놓은 것. 이를 발견한 훈구파 이극돈은 심히 분노했다. 이극돈 자신의 비행도 적나라하게 기록되어 있었기에 더 분노했으리라. 물론 이를 보고받은 연산군도 눈이 뒤집히기에 충분했다. 연산군은 즉시 김일손을 잡아오게 명한 뒤 문초를 하던 도중, 가뜩이나 심각했던 사태가 걷잡을 수 없는 파국으로 흘러가게 된다.

사림파의 거두 김종직이 쓴 〈조의제문〉이 김일손의 사초에 있는 것이 추가적으로 발견되었다.

초나라의 장수였던 '항우'가 왕위를 찬탈하기 위해 왕이었던 '의제'를 처참하게 죽였는데, 김종직은 죽은 의제를 조의한다는 뜻에서 글을 지었다. 그런데 이는 세조가 비정하게 죽인 단종을 의제에 비유한 것이며, 은유적으로 세조의 왕위 찬탈을 비판하는 것으로 해석되었다.

맞는 말이긴 한데… 김종직의 제자 김일손이 스승이 쓴 글을 그냥 방구석 노트에 적어놓는 것도 아니고 후대에도 전해질 공식적인《조선왕조실록》에 들어갈 사초에 자기 멋대로 적어놓았다는 점이 문제였다. 사초는 임금이 함부로 볼 수도 없고 수정할 수도 없었기에, 김일손의 행동은 대놓고 왕실을 엿 먹이려고 작정한 것이나 다름없었다.

가뜩이나 사림 세력을 싫어하던 연산군으로서는 분노를 금할 길이 없었다. 그렇게 조선에 피바람이 휘몰아치게 되었다.

그는 먼저 죽은 김종직의 시신을 꺼내 목을 베는 부관참시를 행했고, 김일손을 포함한 여러 사림들을 극형에 처했다. 조선 역사상 최초로 '사'림들이 '화'를 입는 무오'사화'가 발생한 것이다. 이때 수많은 사림 세력이 죽거나 유배를 당하게 되었으니, 이 사건을 계기로 연산군은 독보적으로 강한 왕권을 손에 쥐게 되었다.

그래도 이때까지는 명분 없는 피의 숙청이 아니었다. 김일손의 죄는 명확했으며 연산군은 그 기회를 놓치지 않고 자신이 원하는 강한 왕권을 손에 거머쥐었다.

그러나 문제는 그가 재위한 지 10년째 되던 해에 벌어지게 되는데….

피의 복수극, 갑자사화

연산군은 생모가 폐비되어 죽었다는 사실은 알았지만 자세한 내막에 대해서는 들어본 적이 없었다. 그런데 간신의 대명사로 낙인찍힌 임사홍이란 인물이 연산군에게 다가가 해선 안 될 이야기를 시작했다.

> **"아, 폐비 윤씨의 일이 애통하고 애통합니다! 그거 아십니까? 사실 귀인 정씨와 엄씨 때문에 전하의 생모가 불쌍하게 죽은 것입니다."**
>
> —《중종실록》 1권, 중종 1년 10월 22일 정묘 1번째 기사

임사홍의 속내는 따로 있었다. 폐비 윤씨 문제를 폭로해 성종 시기에 자신을 쫓아냈던 이들에게 다시 복수하기 위해, 정적들을 제거해 정권을 잡기 위함이었다. 그의 계획은 정확히 들어맞았다.

임사홍에게서 모든 내막을 전해 들은 연산군은 이성을 잃고 광기가 폭발하고 말았다. 그가 먼저 찾아간 곳은 성종의 후궁이었던 귀인 정씨와 엄씨였다. 당장 그녀들에게 뛰쳐나오라 소리쳤고, 대궐 뜰에 그들을 결박한 뒤 인정사정없이 두들겨 패기 시작했다. 아무리 떡이 되도록 패도 도무지 분이 풀리지 않던 연산군은 귀인 정씨의 아들이자 자신의 이복동생들인 이항, 이봉을 불러 명했다.

"이 죄인들을 쳐라."

겁에 질린 이항은 자신의 어머니인지도 모르고 몽둥이를 휘두르기 시작했다. 하지만 이봉은 어머니인 것을 눈치채고 차마 명에 따르지 못했으니, 이를 본 연산군은 고함을 지르며 다른 사람을 시켜 다시 잔혹하게 몽둥이질을 지시했다. 결국 자식으로 하여금 어미를 때려죽이도록 만들었다. 조선시대 윤리에는 계모도 친모와 동일한 기준이 적용되었기 때문에, 이는 존속 살해에 해당하는 패륜이었다.

하지만 이는 시작에 불과했다.

연산군은 이항과 이봉의 머리채를 잡고 친할머니 인수대비의 침전으로 향했다. 거칠게 방문을 열어젖히고는 그가 입을 열었다.

"이것은 대비의 사랑하는 손자가 드리는 술잔이니 한번 맛보시오."

그리고는 이항에게 술잔을 따르라 겁박했고, 대비는 공포에 질린 채 잔을 받았다. 이에 연산군이 다시 말했다.

"사랑하는 손자에게 하사하는 것이 없습니까?"

놀란 대비는 다급하게 베 두 필을 가져다주었다. 이에 참다못한 연산군은 다시 소리를 지르며 위협했다.

"대비는 어찌하여 우리 어머니를 죽였습니까?"

—《연산군일기》 52권, 연산 10년 3월 20일 신사 5번째 기사

실로 참혹한 상황이 아닐 수 없었다. 분이 풀리지 않은 연산군은 사람을 시켜 엄씨, 정씨의 시신을 가져다 찢어 젓갈을 담그고 산과 들에 뿌리도록 했다. 또한 그들의 소생 이항, 이봉은 유배를 보낸 뒤 사형시켰고, 가뜩이나 몸이 좋지 않았던 인수대비는 한 달 만에 병상에 누워 있다 생을 마감했다.

여기서 그치지 않고, 자신의 어머니 죽음과 관련된 이들 모두를 사형시키기에 이르렀다. 당시 조정은 사림파, 훈구파로 나뉘어 있었는데 자신의 측근 세력만 제외하고 모두 숙청해버렸

다. 심지어 이미 죽은 권신 한명회 등의 시신을 꺼내 부관참시를 행했다. 또한 어머니의 복수를 핑계로 평소에 자신의 기분에 거슬렸던 신하들까지 모조리 숙청해버렸다. 이 사건이 바로 갑자사화다.

이제부터 연산군은 미치광이 폭군으로 변모한다.

색에 미쳐버린 폭군

연산군은 색에 미쳤던 왕으로도 기억된다. 그는 채홍사라는 관리를 만들어 전국 팔도에 있는 미녀들을 뽑아오라 명했다. 그 중에서 가장 아름답고 노래를 잘하는 자들을 뽑아 흥청이란 이름을 붙였다. 그 수가 2,000명이 넘는다고 전해지는데, 문제는 흥청에게는 기본적으로 집이 하사되며 그 가족들에게는 노역이나 납세의 의무가 면제되었다.

한 나라의 임금이 나랏일은 신경도 안 쓰고 흥청들과 음탕한 생활을 하기에 바빴으니 나라꼴은 개판 5분 전이었다. 분노한 백성들은 이를 보고 '흥청은 곧 망청이다' 해서 오늘날 흥청망청의 어원이 되기도 했다.

놀랍게도 연산군이 흥청들과 놀이터로 사용한 곳은 세조가 중건한 원각사, 세종이 중요시한 집현전이었다. 그는 성균관 학생들을 모두 내쫓고는 그곳에서 방탕한 생활을 누리기 시작했다. 그러나 연산군은 기생에 만족하지 않았다. 기록에 따르면 자신의 누이들과 근친상간까지 한 것은 물론이고, 그 누가 됐건 마음에 들면 꼭 범해야 직성이 풀렸다고 전해진다.

> **왕의 음탕이 날로 심하여 마음에 드는 사람이 있으면 누구의 아내인지 비밀히 알아보게 하여 외워뒀다가 밤에 강제로 간음하며 낮에도 그랬다.**
>
> —《연산군일기》 57권, 연산 11년 4월 12일 정묘 2번째 기사

이처럼 실록에는 연산군에게 아내를 바친 신하들의 명단까지 기록되어 있었다. 심지어는 50살이 넘는 큰어머니까지 강간했다고 전해진다.

> **왕이 박씨**(큰어머니)**에게 특별히 명하여 세자**(연산군)**를 입시**入侍**하게 하고, 드디어 간통을 한 다음 은**銀**으로 승평부 대부인이란 도서를 만들어 주었다.**
>
> —《연산군일기》 62권, 연산 12년 6월 9일 정사 3번째 기사

백성들은 불만이 극심해져 연산군의 악행을 고발하는 투서들이 나돌았다. 자신을 향한 안 좋은 말들이 나돈다는 사실을 알게 된 연산군은 분노에 차서는 훈민정음 교습을 중단시키고 한글 사용 금지법까지 시행하는 미친 짓을 저지르기에 이른다.

물론 이렇게 미쳐 날뛰는 임금을 도저히 눈 뜨고 지켜보지 못하는 한 남자가 있었으니, 바로 내시 김처선.

그는 단종부터 총 4명의 임금을 모신지라 고령의 나이였다. 왕의 유례없는 기행에 참다못한 김처선은 목숨을 걸고 직언을 쏟아냈다.

"이 늙은 신은 네 분의 임금을 섬겨왔으나 이토록 음란한 왕도 없었습니다."

이에 연산군은 화를 이기지 못해 화살을 쏘아 그의 옆구리를 맞췄다. 그러자 그는 다시 입을 열었다.

"대신들도 죽음을 서슴지 않는데 이 늙은 환관 같은 거야 죽음이 아깝겠소마는 임금께서 오래 국왕으로 있지 못할 것이 원통할 뿐입니다."

연산군은 다시 화살을 쏴 그의 다리를 잘라버렸다. 그리고는 일어나 걸어보라고 명령하자 그는 되레 반문했다.

"전하께서도 다리를 자르면 걸으실 수 있겠습니까?"

결국 연산군은 그의 혀를 자르고 몸을 베어버렸다. 그래도 분이 풀리지 않아 7족 관계의 친족들까지 모두 벌을 주고 부모의 묘까지 헐어버렸다. 또한 전국의 김처선과 이름이 같은 자를 모두 개명하도록 명했고, 심지어 김처선의 이름에 들어갔던 '처處' 자의 사용을 금해 그토록 좋아하던 처용무處容舞의 이름까지 풍두무豊頭舞로 바꾸었다. 죽을 때까지 자신에게 직언을 쏟아 부은 김처선을 그토록 혐오했다.

말도 안되는 패륜을 저지르고, 누구든 가릴 것 없이 겁탈을 범하고, 왕권 강화를 위해 두 번의 사화를 일으켜 포악한 정치를 일삼은 연산군.

결국 1506년 9월, 연산군의 폭정을 참지 못해 조선 왕조 최초로 신하들이 왕을 몰아내는 중종반정이 발생한다. 그렇게 연산군은 재위 12년 만에 폐위되어 몰락했다.

사실 갑자사화가 일어나기 전까지 10년 동안만 해도 그는 폭군의 이미지와는 거리가 멀었다. 정치에 의욕도 있고 왕으로서 인정도 받고 있었다. 그랬던 그가 한순간에 미치광이 폭군으로 전락해 2년간 저지른 수많은 악행들을 보면 매우 유감스러울 따름이다.

그렇게 연산군은 폐왕이 되어 유배를 가게 된다. 그리고 그는 유배 간 지 두 달 만에 역질(천연두)에 걸려 죽게 되는데, 실록에 따르면 죽기 전 유언으로 이 한마디를 남겼다고 한다.

"중전 신씨가 보고 싶다."

—《중종실록》 1권, 중종 1년 11월 8일 계미 2번째 기사

마지막 순간까지 연산군이 그리워했던 중전 신씨는 이렇게 기록되어 있다.

> **아랫사람들을 은혜로써 어루만졌으며, 왕이 총애하는 사람이 있으면 신씨가 또한 더 후하게 대하므로, 왕은 비록 미치고 포학하였지만, 매우 소중히 여김을 받았다. 매양 왕이 무고한 사람을 죽이고 음난, 방종함이 한없음을 볼 적마다 밤낮으로 근심하였으며, 때론 울며 간하되 말뜻이 지극히 간곡하고 절실했는데, 왕이 비록 들어주지는 않았지만, 그렇다고 성내지는 않았다.**
>
> **왕이 폐위될 때 울부짖으며 기필코 왕을 따라가려고 했지만 되지 않았다.**
>
> —《연산군일기》 63권, 연산 12년 9월 2일 기묘 1번째 기사

8장

아무 힘없는 허수아비 임금, 중종

연산군의 막장 행보로 나라는 개판이 되어가니 이를 도저히 참지 못한 신하들이 들고 일어났다.

"당장 임금을 내쫓아야 합니다!"

가장 적극적으로 반정을 주장한 인물은 무인 박원종이었다. 그의 누이 박씨가 50이 넘는 나이에 연산군에게 겁탈을 당했고, 세간에는 임신까지 해 자살했다는 소문이 무성했다. 어떤 이유가 됐건 더 이상 임금의 폭정을 지켜보고만 있을 수 없었기에 박원종을 필두로 한 신하들이 주체가 되어 중종반정을 일으켰다.

반정은 꽤나 손쉽게 성공했다. 박원종은 즉시 군사들을 보내 연산군의 이복동생 진성대군을 찾아가게 했다. 그를 다음 왕으로 추대하기 위함이었다.

한편 집이 군사들로 둘러싸인 것을 본 진성대군은 덜덜 떨며 식은땀이 나기 시작했다. 아직 반정 소식을 듣지 못한 모양이었다.

"날 죽이려는 게 분명하다! 차라리 확 목매달아 죽어버려야겠다!"

이처럼 쿨하게 생을 마감하려는 와중에 돌연 그의 아내 신씨가 그의 옷자락을 잡고 말리며 말했다.

"군사의 말 머리가 이 집을 향해 있으면 우리 부부가 죽는 것이 분명합니다! 하지만 만일 말 머리가 밖으로 향해 있다면 우리를 호위하려는 뜻이지요!"

진성대군이 물개박수를 치며 슬쩍 밖을 확인해보니 말 머리가 모두 밖을 향해 있었다. 하마터면 자살할 뻔했는데 자신의 목숨을 구해준 아내 신씨에게 무한한 고마움을 느낀 그였다.

그리하여 진성대군은 연산군 다음으로 조선의 제 11대 왕 '중종'으로 즉위한다.

신하들이 주체가 되어 일어난 반정이었으니 그들의 뜻대로 중종을 옹립했다. 이 말은 다르게 해석하면 임금은 아무런 힘이 없고 반정 세력 즉, 공신의 세상임을 의미했다. 그래서인지 중종은 재위 기간 내내 우유부단한 모습을 보였다. 그의 꼭두각시 신세는 즉위 시작부터 나타났다.

갑작스럽게 왕위에 올라 왕비가 된 신씨를 내쫓으라는 상소가 빗발쳤다. 아내 신씨는 신수근의 딸이었는데, 신수근은 연산군의 최측근이었고 또한 신수근의 여동생이 바로 연산군의 중전 신씨였다.

신수근도 반정 당시 척결당했으니 신씨가 중전 자리에 있으면 안 된다는 것이었다. 목숨까지 살려준 조강지처 아내인데 어찌 내칠 수 있겠냐마는, 왕까지 갈아엎어버리는 신하들이었으니 찍소리 못하고 7일 만에 그녀를 폐위시켜 궐 밖으로 떠나보내야만 했다.

“거사할 때 먼저 신수근을 제거한 것은 큰 일을 성취하고자 해서였습니다. 지금 수근의 친딸이 대내大內에 있습니다. 만약 궁곤宮壼으로 삼는다면 인심이 불안해지고 인심이 불안해지면 종사에 관계됨이 있으니, 은정을 끊어 밖으로 내치소서.” 하니, 전교하기를, “아뢰는 바가 심히 마땅하지만, 그러나 조강지처인데 어찌하랴?” 하였다. 모두 아뢰기를, “신 등도 이미 요량하였지만, 종사의 대계大計로 볼 때 어찌겠습니까? 머뭇거리지 마시고 쾌히 결단하소서.” 하니, 전교하기를, “종사가 지극히 중하니 어찌 사사로운 정을 생각하겠는가. 마땅히 여러 사람 의논을 좇아 밖으로 내치겠다.” 하였다. 얼마 뒤에 전교하기를, “속히 하성위 정현조의 집을 수리하고 소제하라. 오늘 저녁에 옮겨 나가게 하리라.” 하였다.

—《중종실록》1권, 중종 1년 9월 9일 을유 2번째 기사

이처럼 공신들의 힘이 지나치게 커지다보니 중종 나름대로 그들을 견제하기 위해 노력했다. 조광조를 비롯한 여러 사림파를 등용해 그들을 무척이나 아끼는 모습을 보였다.

그런데 나중에는 중종이 직접 사림파들의 씨를 말리는 기묘사화를 일으켰으니, 참 기묘한 상황이 아닐 수 없었다. 물론 신하들에게 휘둘린 영향이 크지만 마치 두 얼굴의 사나이 같은 임금이었다.

권신들의 힘이 강해지니 유독 중종 시기에 외척 세력의 암투가 치열하게 벌어졌다. 이른바 여인천하의 시대가 열린 것이다.

그리고 중종은 앞으로 아무것도 하지 못했다.

여인들의 전쟁

중종은 첫 번째 아내를 떠나보내고 그리워할 틈도 없이 새로운 왕비를 받아들여야 했다. 그렇게 두 번째로 맞은 왕비는 장경왕후 윤씨였다.

당시 조정은 영의정 자리에 오른 박원종이 아주 꽉 잡고 있었는데, 장경왕후 윤씨가 박원종의 조카였으니 그의 입김이 강하게 작용함이 분명했다.

그래도 윤씨는 성품이 곧았고 그 어떤 욕심 없이 중종을 잘 보필한 여인이었다. 그러나 안타깝게도 그녀의 명줄은 길지 않았다. 1515년에 원자를 낳고 그만 7일 만에 산후병으로 숨을 거두었다. 이때만 해도 누구도 알지 못했다. 홀로 남겨진 원자 이호에게 앞으로 상당한 고생길이 열리게 되고 이어서 조선 비극을 초래하리라고는.

다시 왕비의 자리가 비어 새로운 왕비를 간택해야 하는 상황이 되었다. 그리고 이때 조선을 발칵 뒤집을 여인이 등장한다. 바로 경빈 박씨.

그녀는 누가 골라주는 여자가 아닌 중종이 진심으로 반해 후궁으로 들인 여인이었다. 연산군 시절 흥청 출신으로, 천상 미인에 춤과 노래를 기가 막히게 잘하는 인물이었다. 당연히 중종의 무한한 총애를 받았고 이미 원자보다 여섯 살 많은 복성군을 낳은 상태였다. 이쯤 되니 그녀는 야심을 품었다.

"내가 왕비가 되어 원자를 몰아내고 내 아들 복성군을 왕위에 앉히겠다!"

하지만 왕실은 그녀의 야심에 지지하지 않았다. 이미 원자가 있는 상태에서 경빈 박씨가 왕비가 되면 원자 이호와 복성군이 왕위 다툼을 할 게 뻔했으니, 원자를 보호하기 위해서라도 다른 여인을 간택하자는 의견이었다.

그리하여 1517년, 세 번째 아내로 맞이한 여인은 문정왕후 윤씨였다. 문정왕후 윤씨는 왕실의 바람대로 원자를 친아들처럼 매우 아꼈다. 사실 이렇다 할 배경도 없던 그녀에게는 세자

이호만이 자신의 유일한 정치적 기반이었기에 어쩌면 당연한 것이었다.

한편 시기심이 강한 경빈 박씨는 그런 윤씨가 마음에 들지 않았다. 그래서 거만한 태도로 포악한 행동을 일삼으며 갖은 모략을 꾸몄고, 그렇게 두 여인의 마찰이 잦아지기 시작했다.

그러던 중 왕실에서 하나의 충격적인 사건이 발생한다.

작서의 변, 세자를 저주하다

1527년 2월 26일, 동궁의 해방에 사지와 꼬리가 잘린 쥐 한 마리가 입, 귀, 눈이 불로 지져진 채 나무 조각으로 만든 방술서와 함께 은행나무에 걸려 있는 것이 발견됐다. 당시 동궁은 세자의 거처였고, 3일 뒤면 세자의 생일이었다. 이는 명백히 세자를 저주하는 사건이었기에 왕실이 아주 발칵 뒤집어졌다.

소스라치게 놀란 중종은 당장 범인을 잡아오라 명했고, 범인으로 지목된 사람은 바로… 다름 아닌 경빈 박씨였다. 뚜렷한 물증은 없었지만 궁궐 사람들이 모두 경빈 박씨를 의심했다. 세자 자리를 노리는 사람은 오직 그녀뿐이었기에.

이때 두 얼굴의 사나이 중종은 그렇게 사랑했던 박씨와 서자 복성군을 가차 없이 평민인 서인으로 강등시켜버린 뒤 사약을 내렸다.

그런데 훗날 밝혀진 사실은 이 사건의 진범은 다름 아닌 당시 경빈 박씨를 범인으로 몰았던 김안로의 아들 희였다. 따지고 보면 억울한 죽음을 당한 박씨와 복성군.

여하튼 세자의 자리를 위협하는 박씨가 죽어 왕실은 안정되는 듯 보였다. 그러나 역시 인간의 욕심이란 어쩔 수 없었다. 세자를 친아들처럼 아끼던 문정왕후가 돌연 경빈 박씨보다 더 세자를 괴롭히는 인물로 변모했다.

문정왕후는 17살에 왕비로 들어와 무려 17년 동안 딸만 낳을 뿐 아들을 보지 못했다. 그래서 훗날을 대비해 세자를 아끼고 비호했는데, 그녀가 서른넷의 늦은 나이에 아들 경원대군을 낳자 큰 야심을 품게 된 것이다.

"어떻게 해서든 내 배로 낳은 아들을 왕위에 앉히겠다!"

이때 세자는 이미 20세의 장성한 나이였지만 그녀의 야망은 그 누구보다 강력했다. 한순간에 세자를 노골적으로 미워하게 되었고, 왕실에선 본격적으로 세자 측 vs 문정왕후 측으로 파가 나뉘었다. 세자의 죽은 친모 장경왕후 윤씨와 계모 문정왕후 윤씨가 모두 윤 씨 성을 가졌기에, 세자 측 세력을 대윤이라 했고 문정왕후 측을 소윤이라 불렀다. 이른바 외척 세력 대윤파와 소윤파의 대립이 절정이었던 시기.

물론 중종도 혼란스러운 상황을 인지하고 있었지만 어쩜 그리 무책임한가 싶을 정도로 그다지 크게 신경 쓰지 않았다. 그래서인지 대윤파와 소윤파가 서로 모함하고 죽이며 난리를 치게 되었고, 문정왕후는 더욱 미쳐 날뛰었다. 심지어 중종 말년에 세자가 있던 자선당이 불에 탄 사건이 발생해 죽을 뻔한 적 있었는데, 이 사건의 배후로 지목된 사람이 문정왕후였으니 당시 왕실의 상황은 공포 그 자체였다.

한편 어질고 효심 가득했던 세자 이호는 자신을 압박하는 문정왕후를 미워하지 않았다. 어떤 견제가 들어와도 항상 예의를 차리며 장차 왕이 될 왕세자로서의 면모를 보였다.

하지만 그에게 한 가지 치명적인 문제가 있었다. 바로 자식복이었다. 스무 살이 넘은 세자에게는 이미 세자빈과 네 명의 후궁이 있었지만 도통 자식을 보지 못했다. 유감스럽게도 자식을 낳는 기능에 하자가 있었던 것. 당연히 이를 본 문정왕후는 야심차게 생각했다.

"세자가 왕이 되어도 자식을 낳지 못 할 것이니, 다음 후계자로 내 아들을 앉힐 수 있겠다!"

그렇게 시간이 지나 1544년, 중종이 승하하고 30살의 나이로 세자가 조선 제 12대 왕 '인종'으로 즉위한다. 그리고 그는 조선 역사상 가장 재위 기간이 짧았던 왕으로 남게 된다.

효심 가득했던 인종은 부친의 장례를 지극정성으로 치렀다. 철저하게 장례 의식을 준수했고 거의 모든 식음을 전폐하며 몸이 많이 망가지기에 이른다. 신하들이 제발 고기 좀 드시라고 간곡히 부탁해도 그는 일절 입에도 대지 않았다. 아니, 뭐라도 좀 먹었으면 좋았을 텐데…. 인종은 재위 8개월 만에 생을 떠났으니, 매우 유감스러운 일이 아닐 수 없다.

한편 문정왕후의 예상은 적중했다. 그녀의 바람대로 인종은 자식이 없었기에 다음 후계자로 그녀의 아들이 왕위에 오를 수 있었다. 그렇게 12살의 어린 나이로 '명종'이 왕위에 등극했다. 이제부터 조선은 문정왕후의 세상이 되었고 본격적인 여인천하의 시대가 도래했다.

그리고 나라는 요동치기 시작한다.

9장

천하를 손에 쥔 여인, 여인천하

조선의 역사를 둘러보면 권신들과 외척 세력이 조정을 장악했을 때 나라는 한없이 망가진다는 것을 알 수 있다. 기득권층의 지나친 욕심으로 부패가 만연하니 당연한 모습이다. 그런데 여기서 가장 큰 문제는 죄 없는 백성들이 그 고통을 고스란히 받는다는 사실이다.

12살의 명종이 왕위에 올랐지만 그는 단지 어린아이에 불과했다. 어린 그를 대신해 8년 동안 어머니 문정왕후가 수렴청정을 하면서 그녀가 사실상 조선의 주인이었다. 이제 나라의 주인이 국가를 돌보지 않고 자신의 사리사욕만 채운다면 어떤 절망이 드러나는지 보게 된다.

조선을 손에 얻게 되자 그녀가 가장 먼저 행한 것은 바로 피바람이었다. 그동안 대윤과 소윤의 대립이 치열했지만 이제 정권은 문정왕후, 즉 소윤파의 것이 되었으니 대윤은 흔적도 없이 사라져야 할 존재였다. 문정왕후는 즉시 대윤파의 핵심들을 죽여 머리를 벤 후 장대에 매달아놓는 형을 진행하는 잔혹한 면을 선보였다. 이게 바로 1545년에 일어난 을사사화.

그러나 피의 숙청은 시작에 불과했다.

피바람이 분 지 얼마 지나지 않아 문정왕후의 심기를 거스르는 하나의 사건이 발생한다. 경기도 과천 양재역에서 붉은 글씨로 쓰인 익명의 벽서가 발견되었는데, 그 내용은 이러했다.

'여주女主가 위에서 정권을 잡고 간신 이기 등이 아래에서 권세를 농간하고 있으니 나라가 장차 망할 것을 서서 기다릴 수 있게 되었다. 어찌 한심하지 않은가.'

—《명종실록》6권, 명종 2년 9월 18일 병인 3번째 기사

여주란 문정왕후를 뜻했으며 그 아래의 간신들이 세상을 망가뜨리고 있다는 내용이었다. 이를 보자 문정왕후는 다시 생각했다.

'아직 다 못 죽였구나.'

그리하여 이 사건을 빌미로 그동안 눈엣가시였던 남은 반대 세력들을 가차 없이 숙청하기에 이른다. 이제부터 정말 아무도 건들 수 없는 문정왕후와 그 아래 간신들의 세상이 되었다. 그리고 이때, 여왕을 등에 업고 횡포를 일삼으며 나라를 망가뜨릴 희대의 간신이 등장한다.

윤원형. 그는 문정왕후의 친동생으로 누나가 세상의 주인이니 눈에 뵈는 게 없는 인물이었다. 요직에 올라 본인이 직접 관료를 뽑고 마음대로 벌을 주기도 하니, 그냥 깡패나 다름없었다. 그가 미쳐 날뛰며 전횡하여도 아무도 뭐라 할 수 없었다. 오히려 조정에서는 윤원형에게 잘 보이기 위해 뇌물을 바쳤고, 그 뇌물이 산처럼 쌓여갈수록 조선 사회는 썩어갔다. 그런데 여기에 한 술 더 떠서 그의 횡포에 동참한 악질적인 그의 부인이 있었으니.

정난정. 그녀도 실로 엄청난 인물이었다. 윤원형에게는 정실부인 김씨가 있었고 정난정은 단지 첩에 불과했다. 그러나 탐욕스럽기 그지없었던 그녀는 김씨를 독살하여 마침내 윤원형의 정실부인 자리를 꿰찼다. 남편이 당대 최고 권력자였으니 당연히 그녀의 권세가 하늘을 찔렀다. 욕심은 또 어찌나 많은지 부를 축적하기 위해 온갖 부정부패를 저질렀는데, 각지에 갖고 싶은 땅이 있으면 무조건 빼앗았고 백성들을 강제로 노역에 동원했다.

가장 안타까운 사실은 이러한 왕실 외척의 폭정으로 인해 가장 고통 받는 이들은 오직 백성뿐이었다. 언제나 기득권층이 잘 먹고 잘 사려면 백성들이 죽을 만큼 고통 받아야 했다. 가뜩이나 연이은 흉년에 힘들어 죽겠는데 관리들의 수탈까지 이어지니 미칠 노릇이었다.

결국 민심은 폭발했고, 이 시기에 그 유명한 민란이 발생하게 된다.

나라를 뒤집었던 도적, 임꺽정의 난

먹을 것도 없는 백성들의 삶은 지옥이나 다름없었다. 민심이 흉흉할수록 세상에는 도적이 들끓기 마련이다. 임꺽정이 그랬다. 백정의 신분으로 태어나 신분 차별을 받아온 그는 어지러운 사회까지 들이닥치자 도적으로 활동했다. 민가를 약탈하는 도적에 불과했지만 그의 세력이 점점 커져 그는 국가를 상대로 도적질을 하기 시작했다.

임꺽정은 전국을 난장판으로 만들었다. 횡포를 일삼는 관리들을 죽이고 재물을 약탈했다. 조정에서 임꺽정을 잡기 위해 관군을 보냈는데, 오히려 관군들을 두드려 패고 약탈하는 진귀한 장면을 연출했다. 무려 3년간 전국을 헤집고 박살냈으니 조선의 반란 중 꽤나 오래 지속된 난이었다.

기록에는 임꺽정을 국적이자 흉악범으로 표현하고 있다. 하지만 실록을 편찬한 사관이 당대 상황을 평한 내용을 보면 재미있는 사실을 알 수 있다.

> **사신은 논한다. 지금 수재水災와 한재旱災가 잇달아서 백성이 항업恒業을 잃은 데다가 수령이 탐학스럽고 부역이 번거로우니 백성들이 도적이 되는 것은 당연한 것이다. 세금을 박하게 하고 요역을 가볍게 하는 데는 힘쓰지 아니하고 포획해서 죽여 없애는 것을 급하게 여겼으니 백성을 그물질하는 데에 가깝지 않겠는가. 애석하게도 백성의 항업을 마련해 주는 법을 건의하는 자가 없다.**
>
> —《명종실록》 23권, 명종 12년 6월 8일 기축 4번째 기사

물론 도둑질을 일삼은 임꺽정이 잘한 것은 없지만 높으신 나랏분들의 횡포에 대한 분노가 대표로 표출된 사건임에 틀림없었다.

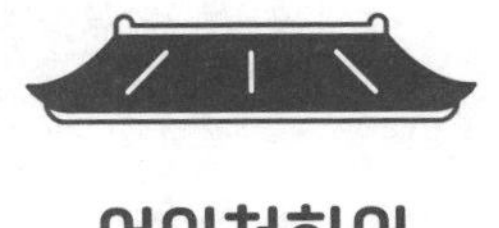

여인천하의 결말

어느덧 시간이 흘러 드디어 명종이 20살이 되었고, 8년 만에 문정왕후가 수렴청정을 거두고 명종 본인이 직접 정사를 시작할 수 있게 되었다. 그러나 여전히 엄마의 치맛바람이 강하게 불었고, 망가질 대로 망가진 세상을 회복시키기 어려웠다.

나이가 드니 명종도 나름 조선의 문제를 확실하게 깨닫게 되었다. 외척 사람들이 미친 짓을 너무 많이 하니 기강은 문란해졌고 국세는 무너져 나라 꼴이 말이 아니었다. 명종은 큰마음을 먹고 삼촌 윤원형의 죄를 어떻게 처리해야 할지 고민했다.

그런데 이를 들은 문정왕후가 붉어진 얼굴로 소리쳤다.

"나와 윤원형이 지금의 임금을 만들었습니다!"

이뿐만 아니었다. 임금이 조금만 마음에 들지 않으면 그녀는 곧바로 호통을 치며 꾸짖었다. 아직도 어린아이 다루듯 말이다. 그래도 워낙 지극히 효성스럽고 소심했던 명종은 차마 아무 말도 하지 못한 채 외진 곳에서 눈물을 흘렸다. 점점 마음의 병만 생길 뿐이었다.

> **또 스스로 명종을 부립한 공이 있다 하여 때로 주상에게 "너는 내가 아니면 어떻게 이 자리를 소유할 수 있었으랴." 하고, 조금만 여의치 않으면 곧 꾸짖고 호통을 쳐서 마치 민가의 어머니가 어린 아들을 대하듯 함이 있었다. 상의 천성이 지극히 효성스러워서 어김없이 받들었으나 때로 후원後苑의 외진 곳에서 눈물을 흘리었고 더욱 목 놓아 울기까지 하였으니, 상이 심열증을 얻은 것이 또한 이 때문이다.**
>
> —《명종실록》 31권, 명종 20년 4월 6일 임신 2번째 기사

그래도 시간이 지나 영원할 것만 같았던 여인천하의 시대도 저물어가게 된다.

1565년 문정왕후가 목욕을 하다 오한이 들어 65세의 나이로 사망한다. 어쩌면 허무할 수 있는 그녀의 죽음은 곧 그녀를 믿

고 설쳐대던 권신들, 즉 윤원형 일파의 끝을 의미하기도 했다. 마치 기다리기라도 했다는 듯 모든 신하들이 들고 일어났고, 악행을 일삼은 윤원형과 정난정 부부를 탄핵하자는 상소가 빗발쳤다. 그들을 아니꼽게 보았던 명종도 당장 그들을 관직에서 내쳤다. 조선 최고의 자리에서 세상이 자기 것이라도 되는 듯 군림하던 윤원형 부부는 한순간에 찬밥 신세가 되었고, 언제 죽을지 모른다는 두려움에 벌벌 떨었다. 그리고 곧 그들의 비참한 말로가 기다리고 있었다.

1565년 11월 어느 날, 한 종이 윤원형 부부에게 달려가 말했다.

"지금 집 앞에 금부도사가 나타났습니다!"

금부도사는 사약을 들고 죄인에게 가는 신하로서 죄인에게는 저승사자와 같은 의미였다. 죽음의 가시방석에 앉아 있던 그들에게 충격적인 소식이 아닐 수 없었다. 정난정은 드디어 올 것이 왔다 생각했고 이내 일말의 망설임도 없이 독약을 원샷했다. 치욕스럽게 고문당할 바에 차라리 자살을 택한 그녀였다. 이를 옆에서 본 참사랑꾼 윤원형도 사랑하는 아내의 죽음에 통곡하다 5일 만에 저세상으로 따라간다. 그런데 알고 보니 그 금부도사는 다른 사람 잡으러 가는 길에 윤원형 집 근처에서 말을 갈아타려고 들른 것뿐이었다.

그렇게 윤원형 부부는 제 발 저려 생을 마감했다. 어찌 됐건

20년간 문정왕후와 윤원형의 수많은 악행들의 종지부가 찍혔다.

드디어 명종은 외척 세력의 간섭 없이 본인의 뜻대로 정사를 돌볼 수 있게 되었다. 하지만 그동안 받은 스트레스와 상처로 인해 마음의 병인 심열증이 걷잡을 수 없이 악화된 그였다.

그래서였을까. 안타깝게도 문정왕후가 죽은 지 2년 만에 병을 이기지 못하고 후사도 남기지 못한 채 명종은 생명을 잃었다.

이토록 허무하게 여인천하의 시대는 막을 내린다.

10장

임진왜란의 주인공, 선조

여인천하에서도 보았듯이 명종은 극한의 스트레스를 받다 숨을 거두었다. 이러한 영향 때문인지 그는 죽기 전 자식이 한 명도 없었다. 물론 아들이 한 명 있긴 했으나 십대 때 요절하는 바람에 적손이 존재하지 않았다.

한편 명종은 생전에 조카들, 특히 이복형의 자식 3형제를 참 많이 예뻐했다. 궁으로 자주 불러서 조카들과 시간을 보내곤 했다.

그러던 어느 날, 명종은 3형제를 궁으로 불러 대뜸 자신이 쓰고 있던 익선관을 벗어 그들에게 한번 써보라며 명을 내렸다. 그러자 첫째와 둘째는 차례대로 익선관을 받아 썼지만 웬일인지 막내 하성군은 쓰지 않았다. 명종이 하성군에게 왜 익선관을 쓰지 않느냐고 물었더니 그가 답했다.

"이것은 임금님이 쓰시는 것인데 어찌 감히 제가 쓸 수 있겠습니까?"

하성군의 답에 뒷목을 잡고 깊은 감명을 받은 명종은 생각했다.

'아! 총명하고 겸손한 이 아이가 나의 후계자구나.'

그리하여 명종 다음으로 하성군이 1567년, 임진왜란의 주인공이자 14대 임금 '선조'로 즉위한다.

선조의 치세

그동안 왕과 왕비 사이에서 태어난 자식 즉, 적장자는 아니더라도 적자들이 왕위에 올랐다. 그러나 선조는 할아버지인 중종의 손자이지만 왕비가 아닌 후궁의 후손이었다.

그리하여 조선 왕조 최초로 방계 임금이 되었다. 하지만 이는 선조에게 죽을 때까지 콤플렉스가 되었고, 훗날 자식들이 모두 비극을 겪는 이유가 되기도 했다.

한편 그의 능력은 매우 출중했다. 16세의 나이로 왕위에 등극했지만 그의 탁월한 일 처리에 1년 만에 수렴청정을 거두고

17세의 나이에 친정을 시작했다. 그는 무엇보다 오로지 학문에 힘쓰며 그동안 개판이 된 나라를 고치기 위해 노력했다.

선조는 어떻게 해야 조정의 신하들을 바로잡을 수 있을지 고민했다. 그리고 폐단이 큰 세력들을 축출하고 뛰어난 인재들을 등용해야겠다고 판단했다.

그리하여 선조 시기에 훈구, 척신 세력이 모두 역사 속으로 사라지고 곧 죽어도 올바른 성리학자들인 선비를 대거 등용하여 사림파의 시대가 열리게 되었다. 특히 오늘날 천 원 지폐 속 인물 퇴계 이황을 극진히 총애했고, 그가 죽고 나서는 율곡 이이를 신임했다. 이외에도 억울하게 죽은 사림들을 신원하는 데 힘썼으며 수많은 성리학자들과 함께 조선의 학문과 문화의 꽃을 피우며 평화로운 시기, 목릉성세를 맞이한다.

하지만 역시나 예나 지금이나 어느 당이 집권을 하면 꼭 분열이 일어나기 마련이다. 기껏 훈구파와 싸울 때에는 하나가 되더니 얼마 지나지 않아 사림도 둘로 나뉘게 되었다. 자존심 강한 두 천재의 대결이 펼쳐졌기 때문이다.

어느 날 인사권을 갖고 있는 관직인 이조전랑에 김효원이 발탁됐다. 그런데 이를 보고 심의겸이란 자가 김효원의 행실이 의심된다며 반대했다. 그럼에도 김효원은 이조전랑에 등용됐지만 이 일을 가슴 깊은 곳에 담아두었다. 그리고 시간이 지나 운명의 장난처럼 김효원의 후임으로 심의겸의 동생 심충겸이 거론되었다. 이에 김효원이 나서며 말했다.

"심충겸의 집안은 명종의 외척인데 이 주요한 관직을 어찌 외척에게 맡길 수 있겠습니까?"

이 사건으로 골이 깊어질 대로 깊어진 두 남자 때문에 김효원의 집이 한양 동쪽에 있어 동인, 심의겸의 집은 서쪽 정릉에 있어서 서인으로 파가 나뉘게 된다. 조선 최초 붕당정치의 시작이었다. 이렇게 동인과 서인은 정치적 사안마다 대립했는데, 선조는 이를 이용해 정국을 뒤집으며 정권을 장악했다. 그러다 시간이 지나 붕당이 점점 격렬해지더니 수많은 이들이 피를 흘렸다.

이처럼 붕당이란 시스템은 서로를 견제하며 좋은 방향으로 흘러가다가 결국 나중에는 상대 당의 존재 자체를 부정하고 오로지 자기 당만의 이익을 추구하는 부정적인 방향으로 흘러가게 된다. 이는 훗날 조선의 정치와 경제 등 모든 것의 발목을 잡게 되었다.

한편 사림파들끼리 치고 박고 싸우고 있던 1590년, 왜의 동태를 파악하기 위해 선조는 황윤길과 김성일을 통신사로 파견했다. 그리고 1년 뒤에 도요토미 히데요시를 만나고 돌아온 그들은 선조에게 각기 다른 보고를 올렸다.

서인 황윤길은 이렇게 말했다.

"그가 곧 전쟁을 일으킬 것입니다. 전쟁을 준비해야 합니다!"

반면 동인 김성일은 이렇게 보고했다.

"생긴 게 꼭 쥐새끼를 닮아서 전쟁을 일으킬 만한 인물이 아닙니다!"

이처럼 서인과 동인의 보고가 달랐다. 당시는 동인의 힘이 좀 더 강했으니 조정은 김성일의 보고를 채택했지만, 그래도 선조는 전쟁을 대비하는 모습을 보이긴 했다.

그러나 그로부터 1년 뒤인 1592년, 전국 시대를 통일한 일본의 도요토미 히데요시는 치밀한 전쟁 준비를 마치고 천하 지배의 야욕을 이루기 위해 조선을 침략했으니, 이게 바로 임진왜란이다.

이제부터 선조 인생의 비극이 시작된다.

임진왜란의 비겁한 주인공

부산을 침략한 왜군은 파죽지세로 진격해 올라왔다. 생각 이상으로 강한 왜군에 깜짝 놀란 선조는 기가 막힌 생각을 하게 된다.

'아, 나라 버리고 명나라로 튀어야겠다!'

왕실과 나라를 지키기 위해 파천한 것이 아니라 자신의 목숨을 부지하기 위해 아예 명나라로 망명을 생각한 선조. 신하들의 만류에도 이미 잔뜩 겁에 질린 선조의 의지는 그 누구도 말릴 수 없었다.

한편 잽싸게 도망치기 전, 선조는 총알받이를 하나 세워야 했다. 그동안 왕비의 자식은 없고 후궁의 자식들 즉, 자신의 아버지와 같은 서자들만 있었기에 세자 책봉을 미루고 있었다. 정통성의 콤플렉스가 심했던 선조는 적장자를 기다리고 있었던 것이다.

하지만 지금은 상황이 달랐다. 그래서 재빨리 서자 광해군을 세자로 임명한다. 또한 그에게 임시로 임금 역할을 수행하도록 명한 후 자신은 잽싸게 튀었다. 개성, 평양을 거쳐 명나라와 맞닿아 있는 의주까지. 굉장히 생존력이 강한 왕이었다.

> **"내선**內禪 **할 뜻을 말한 것이 한두 번이 아니었으나 대신들의 반대를 받아 죽고 싶어도 죽을 수도 없다. 오늘 이후로는 세자로 하여금 국사를 임시로 다스려 관작의 제배**除拜**나 상벌 등의 일을 다 편의에 따라 스스로 처결할 일로 대신들에게 이르라."**
>
> —《선조실록》27권, 선조 25년 6월 13일 신축 8번째 기사

이를 본 왜군들은 당황스럽기 그지없었다. 애초에 그들의 목적도 명나라를 치기 위함이었고 조선의 임금만 빠르게 잡으면 끝이라 생각했다. 하지만 선조의 놀라운 도망 속도에 전쟁은 장기화되었다.

이때 왜군들보다 더 당황한 이들이 있었으니, 바로 조선의 백성들이었다.

"임금이란 사람이 나라를 버리고 튀어?"

화가 머리끝까지 난 백성들은 노비 문서를 불태우고 경복궁에 불을 질러버리는 사태가 벌어졌다. 이처럼 당시 백성들 사이에서 선조는 비겁한 지도자라 비난받았다.

선조 때문에 장기화된 전쟁에서 조선의 영웅들이 나라를 지켜냈다. 위대한 이순신 장군은 왜군의 보급로를 차단하여 23전 23승의 무패 신화를 달성했고, 얼떨결에 세자가 된 18살의 광해군 또한 전국을 돌며 민심을 안정시키고 의병들의 사기를 올리며 백성들의 영웅으로 떠올랐다. 하지만 무엇보다 명나라의 지원이 없었다면 전쟁에 승산이 없었을 텐데, 명나라의 파병 덕분에 7년 동안 지속된 임진왜란은 막을 내릴 수 있었다.

그리고 본격적으로 선조는 질투의 화신으로 변모하게 된다.

질투의 끝판왕

권력에 대한 집착이 매우 심했던 선조는 자신의 자리를 위협하는 인물들을 심하게 견제했다. 특히 전쟁 중 계속된 승전보를 올린 이순신에게 반역을 꾀한다는 어처구니없는 죄목으로 파직시키고 형벌을 내리는 모습도 보였다. 도리어 전쟁 당시 나라를 위해 목숨 바쳐 싸운 선무공신보다 선조를 따라 열심히 피난 갔던 호성공신을 더 높이 평가하기도 하고, 목숨 걸고 싸웠던 의병들을 홀대했으며, 심지어 역모에 몰린 의병장들을 혹독히 다루는 경우도 많았다. 당연히 백성들이 자신보다 광해군을 더 좋아하니 마음속에 그를 향한 질투심이 활활 타오르고 있었다.

한편 임진왜란 이후 왕비가 세상을 떠나 새로운 왕비를 뽑아야 했다. 그렇게 51세의 나이에 선조는 19살 인목왕후를 왕비로 받아들인다. 그리고 1606년, 왕비가 아들 영창대군을 낳는다.

선조는 한없이 기뻤다. 그가 그토록 바라던 적장자였다. 이때부터 광해군은 찬밥 신세로 전락하여 눈치만 보게 되었으니 그의 세자생활은 가시방석 위에 앉아 있는 것이나 다름없었다. 이런 세자의 마음을 알기는 하는지 선조는 영창대군을 세자로 책봉하려는 시도를 은밀하게 계획했다.

하지만 적장자 영창대군이 태어난 지 2년 만에 선조는 병이 악화되어 드러눕게 된다.

선조는 분명 능력 있고 지능적인 인물이었다. 특히 안목이 좋아 그가 등용한 수많은 인재들은 역사를 통틀어 손에 꼽힐 정도로 뛰어났다. 전쟁이 일어나기 전까지만 해도 그는 국가를 위해 노력한 명군이었다. 하지만 전쟁에서 보여준 그의 무책임과 이기심으로 인해 후대에 그는 인간성이 결여된 임금으로 평가받기에 이르렀다.

어찌 됐건 그가 드러눕게 되자 다음 후계자를 선택해야 했다. 적장자 영창대군은 2살로 너무 어렸기에 왕위는 34살의 광해군에게 넘어갔다. 그런데 자식을 사랑해도 너무나 사랑했던 선조는 죽기 전 신하들을 불러 모아 말했다.

"우리 영창대군을 잘 부탁한다."

유감스럽게도 그의 사랑은 자식들을 파멸로 이끌었다.

11장

폭군이 된 임진왜란의 영웅, 광해군

조선 왕조 역사에 폐위되어 복권되지 못한 임금은 단 둘이 있다. 한 명은 극악무도한 악행을 저지른 연산군, 그리고 다른 한 명은 바로 광해군이었다. 이 둘은《조선왕조실록》에도 실록이 아닌 일기의 기록으로 남겨졌는데, 어쩌다 임진왜란의 영웅 광해군이 연산군과 같은 폭군으로 변모한 것일까.

18세라는 어린 나이에 세자가 되어 전란에서 보여준 광해군의 활약상은 순식간에 달아난 선조와는 확연히 대비되는 모습이었다. 그가 왕이 될 때 어느 누구도 그의 자질을 의심하지 않았다. 34살에 즉위할 때도 그를 향한 백성들과 신하들의 기대도 한껏 부풀어 있었다.

즉위 초 광해군에게 주어진 과제는 임진왜란으로 박살난 국가 재정과 민생을 복구하는 데 있었다. 그는 과거부터 논의된 대동법을 실시했다. 대동법은 그때까지 거둔 특산품을 토지세로 걷는 제도로, 토지가 없던 백성들의 부담을 줄여주는 효과가 있었다. 물론 경기도 지역에 한해 실시되던 대동법을 전국적으로 확대하자는 신하들의 주장에 그가 반대하기는 했지만, 어쨌든 광해군 시기에 처음으로 실시됐다는 데 의미가 있었다.

무엇보다 그의 능력은 외교적인 측면에서 크게 발휘되었다. 어느덧 세상은 변해가고 있었다. 대륙을 지배하던 명나라는 힘이 약해졌고, 만주의 여진족이 세운 후금이 새롭게 부상하고 있었다. 전장을 누빈 세자 시절의 경험이 있었던 탓인지 광해군은 무조건적으로 명나라를 섬겨야 한다는 신하들과는 달리 후금의 힘을 무시해선 안된다고 판단했다. 그렇게 명나라와 후금의 싸움에 말려들지 않고 중립적인 위치를 지키며 실리를 얻는 중립외교 정책을 펼쳤다.

그런데 이게 끝이었다. 유감스럽게도 아버지의 장점인 인재를 보는 안목과 뛰어난 정치력을 닮지 못했다. 오직 아버지의 의심병과 치졸한 성격만 물려받은 것이다.

광해군을 지지하는 대북파가 집권하게 되자 반대파였던 서인, 남인 그리고 영창대군의 소북파 인물들은 차례로 제거되기 시작했다. 왕실에 피바람이 불기 시작한 것이다. 세자 시절 전장을 누볐던 성군의 모습은 온 데 간 데 없이 무자비한 학살자로 변모했다. 자신의 마음에 들지 않으면 칼을 빼 들었고, 그의 칼날은 가족도 피해갈 수 없었다.

우선 그의 친형 임해군은 상당히 거슬리고 짜증나는 존재였다. 애초에 임해군은 개차반 성격과 망나니 행동 때문에 장자였음에도 세자 자리에 오르지 못했는데, 그래서인지 광해군을 향한 질투가 이만저만이 아니었다. 그런 형이 왕권에 위협이 된다고 판단한 광해군은 왕이 되자마자 유배를 보낸 뒤 목숨을 빼앗게 된다. 물론 이것은 시작에 불과했다.

그 누구보다 왕권을 위협하는 이가 존재했다. 바로 아버지의 사랑을 듬뿍 받은 이복동생 영창대군. 선조가 유언으로 영창대군을 잘 부탁한다 했으니 눈엣가시도 그런 눈엣가시가 없었다.

결국 벼르고 벼르던 대북파와 광해군은 손을 잡고 영창대군을 제거할 계획을 세운다.

피도 눈물도 없는 숙청, 계축옥사

1613년 어느 날, 도적들이 문경새재를 지나는 행상인을 죽이고 수백 냥의 은을 약탈한 사건이 일어난다. 범인들은 모두 명문가의 서자들이었는데, 이들은 출신 때문에 능력이 있어도 출세를 못 하는 세상에 불만을 품고 무리를 지어 도둑질을 일삼았다. 이때 이이첨을 비롯한 대북의 실세들은 이 사건을 빌미로 기발한 생각을 하게 된다.

"단순 강도 사건이 아닌 역모 사건으로 만들어야겠다!"

먼저 대북파는 범인 중 한 명인 박응서에게 다가가 말했다.

"면죄해줄 테니까 내가 하라는 대로 해라."

이에 박응서는 무조건 고개를 끄덕이며 그들이 말하는 대로 적어 광해군에게 상소를 올린다.

“사실 도둑질한 은화를 모아 무사들과 결탁한 다음 반역을 일으키려 하였습니다. 만약 성사된다면 영창대군을 왕으로 옹립하고 인목대비에게 수렴청정을 맡기려 했습니다!”

이 모든 것이 짜인 각본이었지만 광해군은 심히 분노했다. 본인이 직접 국문하여 관련자들을 철저히 조사했고, 하지도 않은 일을 자백하게 만들기 위해 모진 고문을 가했다. 결국 심한 고문을 참지 못한 이들이 허위 자백하면서 곧바로 사형에 처해졌다. 이 사건으로 역모의 주모자로 지목된 서인, 남인 세력들을 철저하게 제거했고, 이제 모든 화살은 오직 영창대군에게로 돌아가게 되었다.

9살의 어린 영창대군은 강화도로 유배 보내졌다. 하지만 당연하게도 신하들은 역적인 영창대군의 죄를 물어야 한다며 날뛰었으니, 그는 이미 죽은 목숨이나 다름없었다. 그의 처참한 죽음은 이렇게 기록되어 있다.

대군이 죽을 때의 나이가 9세였다. 정항이 강화부사로 도임한 뒤에 대군에게 양식을 주지 않았고, 주는 밥에는 모래와 흙을 섞어 주어서 목에 넘어갈 수 없도록 하였다. 읍 안의 한 작은 관리로서 영창대군의 위리圍籬를

수직한 자가 있었는데 불쌍히 여겨 몰래 밥을 품고 가서 먹였는데 정항이 그것을 알고는 곤장을 쳐서 내쫓았다. 그러므로 대군이 이때부터 밥을 얻어 먹지 못하여 기력이 다하여 죽었다. 어떤 사람이 말하기를 "정항은 그가 빨리 죽지 않을까 걱정하여 그 온돌에 불을 때서 아주 뜨겁게 해서 태워 죽였다. 대군이 종일 문지방을 붙잡고 서 있다가 힘이 다하여 떨어지니 옆구리의 뼈가 다 탔다."고 하였다. 지금도 강화도 사람들은 그 말을 하면서 눈물을 흘리지 않는 사람이 없다.

—《광해군일기[중초본]》 74권, 광해 6년 1월 13일 병인 5번째 기사

아들의 비참한 죽음 앞에서도 아무런 힘도 쓰지 못한 인목대비는 눈물로 밤을 지새워야 했다. 물론 인목대비 또한 광해군에게 심히 거슬리는 존재가 아닐 수 없었다. 그래서 5년 뒤 자신의 계모임에도 불구하고 그는 인목대비를 폐위시켜 서궁에 유폐시켜버린다.

이처럼 계축년에 일어난 사건, 계축옥사가 끝이 난 뒤 대북파의 반대 세력이 완전히 제거되면서 대북파가 권력을 독점하게 된다. 이 시기부터 광해군의 의심병 증세는 더욱 심해졌다. 대북파 내에서도 시도 때도 없는 숙청을 자행했다. 나라를 위한 인재에는 쥐뿔 관심도 없었고 자신의 입맛에 맞는 무능한 간신들만 등용했으니, 당연히 그들의 부정부패와 매관매직으로 나

라는 개판이 되어갔다. 무엇보다 그의 가장 큰 문제는 밑도 끝도 없는 미신병이었는데, 이로 인해 고통을 떠안은 백성들마저 광해군에게 등을 돌리게 된다.

광해군은 전란의 피해를 극복하기 위해 노력해야 했던 임금이었다. 하지만 그는 이렇게 생각했다.

'왕실의 위엄을 드높이기 위해선 궁궐 공사가 필요해!'

물론 궁궐이 전쟁 중에 다 타버렸으니 당연한 일이었다. 그런데 문제는 정도가 심해도 너무 심했다. 대규모 궁궐 공사를 위해서는 무지막지한 비용이 투입되어야 했고, 특히 백성들이 강제로 동원되어야 했다. 그것도 자신이 거처할 궁궐 하나만 있어도 충분했을 텐데, 하나가 다 지어지기 전에 또 새로운 공사를 시작하는 것을 반복하여 15년 동안 무려 5번이나 실시했다. 궁궐 공사에 지나치게 집착한 원인은 단순했다. 의심병과 미신병.

광해군은 점쟁이를 가까이하며 무한한 신뢰를 주었고, 풍수학자가 이쪽 풍수가 좋다면 이쪽에, 저쪽이 좋다면 저쪽에 쉴 새 없이 궁궐을 지어댔다. 특히 역모에 민감했던 광해군은 왕의 기운이 흐르는 명당자리가 있다고 하면 누가 살고 있든 강제로 집을 밀어버리고 그 자리에 궁궐을 지었다. 이러니 국가 재정은 임진왜란 때보다 파탄이 날 지경이었고, 그 돈을 메꾸기 위해 백성들을 수탈해야 했으니 나라는 망하기 일보 직전이었다.

동부승지 한효중이 아뢰기를, "토목 공사와 군사를 일으키는 일은 일시에 거행할 수 없는 것입니다. 현재 백성들은 도탄에 빠져 있고 우리를 노리는 적들이 가까이 있으며 명나라 군대가 몰려오고 있으니, 궁궐의 공사를 크게 벌여서는 안 됩니다. 그런데 성지性智의 요망스러운 말에 따라 영건營建의 공사를 일으키자 백성들의 재산이 고갈되어 고난이 극심한 지경에 이르렀고 굶주려 죽은 시체가 길에 가득하며 재이災異가 잇달아 일어나고 있으므로 사람들 모두가 이 중에게 죄를 돌려 그의 뼈를 부수고 그의 살점을 먹으려고 합니다."

—《광해군일기[중초본]》 182권,
광해 14년 10월 5일 정묘 2번째 기사

결국 이러한 폭정에 권력에서 밀려나 있던 서인과 남인 세력이 광해군을 몰아내게 된다. 1623년 3월 12일(광해군 15년) 왕을 몰아내는 반정, 인조반정이 발생한 것이다. 반정의 명분은 영창대군을 죽이고 인목대비를 폐위시켰다는 폐모살제의 죄였다.

"은혜로운 아버지의 나라인 명나라를 배신하고 야만적인 오랑캐(후금) 놈들이랑 교류하다니!"

"엄마를 폐위시키고 동생을 죽이는 부도덕한 패륜 정권!"

늦은 밤에 진행된 거사에 어떠한 반격도, 대처도 할 수 없었다. 그렇게 손쉽게 붙잡힌 광해군은 결국 임금의 자리에서 쫓겨나 강화도로 유배 보내진다.

광해군이 폐위된 이후, 신하들로부터 다시 대비로 추대된 인목대비는 광해군의 살점을 씹어야겠다고 말하며 분노를 감추지 못했다. 아들 영창대군을 잃은 슬픔과 분노가 이루 말할 수 없이 컸으니 말이다.

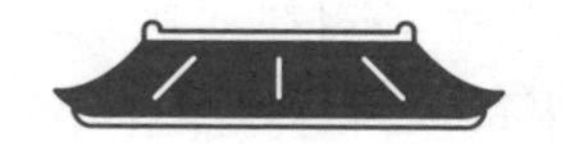

광해군의 비참한 말로

폐위된 광해군은 부인과 폐세자, 그리고 폐세자빈이 모두 위리안치(중죄를 저지른 이가 달아나지 못하도록 가시로 울타리를 만들고 가두는 형벌)되었다. 그리고 그의 말로는 참혹함 그 자체였다. 유배간 지 얼마 지나지 않아 가족 모두를 잃었다. 사실 아들과 며느리는 이미 죽기로 다짐한 상태였다. 목을 매어 자살 시도도 했지만 이를 본 여종이 그들을 구한 적도 있었다. 유배지에 도저히 적응할 수 없었던 아들은 어느 날 직접 손으로 땅을 파서 탈출을 시도했다. 하지만 바로 발각되어 체포되었는데, 이를 본 며느리는 남편이 체포된 지 3일 만에 스스로 목숨을 끊었다.

그리고 한 달 뒤 아들 또한 임금의 명을 받고 목을 매어 생을 마감한다. 이러한 참사가 벌어지자 큰 충격에 빠진 광해군의 부인은 마음의 병을 얻게 되었고, 1년 만인 1624년에 생을 마친다. 그렇게 광해군은 홀로 쓸쓸히 긴 유배 생활을 하게 된다.

유배지로 데리고 가는 관리가 광해군을 아랫방에 묵게 하는 모욕을 주고, 심부름 하는 나인이 영감이라며 멸시하여도 광해군은 그저 고개만 숙일 뿐 아무런 대답도 하지 않았다.

세자 시절 전장을 누비며 백성들의 선망을 얻은 성군의 모습부터 폭군으로 전락하여 폐위되기까지 굉장히 파란만장한 인생을 살았던 광해군. 홀로 18년 간의 긴 생활 끝에 1641년, 67세의 나이로 쓸쓸하고 비참한 죽음을 맞이한다.

12장

다시 일어난 쿠데타, 인조반정

광해군은 정신병이 심해져 수많은 옥사를 일으켰고 많은 이들의 원한을 삼게 됐다. 그중에서도 광해군을 극도로 경멸하게 된 이가 있었다. 바로 능양군.

그는 광해군의 조카였다. 그런데 그의 동생이 역모로 몰려 광해군에게 죽임을 당하자 참을 수 없을 만큼 분노했다. 여기에 더해 아버지 정원군마저 홧병으로 세상을 떠나자 능양군의 분노는 폭발했다.

'임금을 갈아엎고 천하를 차지한다.'

그렇게 1623년 4월 11일(음력 3월 12일) 늦은 밤, 능양군을 필두로 서인 세력들이 긴장된 모습으로 모인다. 그런데 거사를 치를 시간이 다가왔지만 무슨 일인지 대장직을 맡기로 한 김류가 모습을 나타내지 않았다. 알고 보니 이미 반정의 정보가 새어나갔다는 소식을 접한 김류가 곧바로 태세 전환하여 집구석에 숨어 있었던 것.

김류가 대장이 되었는데 변란을 고발했다는 말을 듣고 포자捕者가 도착하기를 기다려 그를 죽이고 가고자 하였다. 지체하며 출발하지 않고 있는데 심기원과 원두표 등이 김류의 집으로 달려가 말하기를, "시기가 이미 임박했는데, 어찌 앉아서 붙잡아 오라는 명을 기다리는가." 하자 김류가 드디어 갔다.

—《인조실록》 1권, 인조 1년 3월 13일 계묘 1번째 기사

이때, 혼란스러운 상황에서 용맹한 사나이가 등장했다. 능력이 뛰어나 촉망받는 무신 이괄이었다. 그가 비장하게 나서며 말했다.

"내가 군사들을 이끌겠다!"

이괄은 과감한 결단력으로 반정군을 인솔했고 도망가는 광해군을 체포하는 데 성공했다. 집에 숨어 있던 김류는 뒤늦게야 나타나 대장 행세를 하는 등 그림이 좋지는 않았지만 어찌 됐든 인조반정은 성공적으로 끝이 났다. 그 결과 광해군은 왕위에서 쫓겨나 유배를 가게 되었으며, 그의 지지 세력 대북파는 흔적도 없이 사라졌다.

또한 당연히 반정에 성공한 서인 세력이 정권을 잡게 되었으며 광해군을 경멸하던 능양군은 조선의 제 16대 왕 '인조'로 등극했다.

하지만 천하를 차지하게 된 그들에게 있어서 좋았던 것도 잠시일 뿐, 인조는 조선 역사상 최악의 굴욕들을 선사받는다.

밑도 끝도 없는 의심이 일으킨 이괄의 난

부푼 기대를 안고 새롭게 인조와 서인들의 시대가 열렸지만 조선의 정치는 매우 혼란스러웠다. 서인 세력 안에서도 권력을 차지하기 위한 정치 암투가 치열했고, 그로 인해 모함과 의심이 난무했다. 이런 와중에 논공행상(공적의 크고 작음 따위를 논의하여 그에 알맞은 상을 줌)에서 큰 문제가 발생했다.

겁먹고 집에 있다 뒤늦게 대장 행세를 한 김류도 1등 공신에 올랐는데, 반정군을 직접 이끌어 큰 활약을 했던 이괄은 2등 공신에 올랐다. 게다가 인조는 북방의 여진족들을 대비해 이괄을 평안병사 겸 부원수로 임명하여 춥고 힘든 외지로 발령했다.

당시 북방의 여진족이 세운 후금과 조선의 사이는 좋지 않았으니 북방의 부대는 국가의 생명을 책임지는 것과 다름없었다. 이처럼 인조는 이괄에게 중대한 역할을 맡길 만큼 그를 의지하고 신뢰했다.

2등 공신 책봉도 모자라 외지로 발령받은 것에 큰 불만을 느낀 이괄이었지만, 왕의 명을 받들었다. 북방으로 가서 조선에서 자랑하는 최정예 부대의 전열을 가다듬었다. 여기까지는 좋았는데, 심각한 문제는 정도를 모르는 중앙의 서인들이었다.

"이괄과 그의 아들, 그리고 한명련 등이 함께 군대를 이끌어 반란을 꾀하고 있습니다. 이들을 즉시 처단해야 합니다!"

조정에서는 언제나 반란의 가능성을 걱정해왔다. 자기네들도 반정으로 잡은 정권이었으니 항상 의심하고 경계를 늦추지 않았다. 심지어는 이괄을 꽤나 지지해왔던 이귀라는 자가 나서서 말했다.

"이괄이 몰래 다른 뜻을 품고 강한 군사를 손에 쥐었으니, 일찍 도모하지 않으면 뒤에는 반드시 제압하기 어려울 것입니다. 더구나 역적들의 공초에 흉모가 드러났으니, 왕옥에 잡아다가 정상을 국문하지 않을 수 없습니다."

하지만 인조는 이렇게 대답했다.

"이괄은 충의스런 사람인데, 어찌 반심을 지녔겠는가. 이것은 흉악한 무리가 그의 위세를 빌리고자 한 말이다. 경

은 무엇으로 그가 반드시 반역하리라는 것을 아는가?”

—《인조실록》 4권, 인조 2년 1월 21일 병자 3번째 기사

오히려 이때, 이괄과 사이가 좋지 않았던 김류마저 증거가 없으니 섣불리 판단해선 안 된다고 만류할 정도였다. 하지만 그들의 끈질긴 입김에 의해 결국 인조는 이괄을 제외하고 이괄의 아들과 한명련을 소환하여 심문하기로 타협하게 된다.

한편 조정의 실세들이 본인을 모함한다는 소식을 접한 이괄은 심히 분노했다. 설령 불만을 품었을지언정 진심으로 역모를 일으킬 마음은 전혀 없었다. 하지만 시간이 지나 결국 조정에서 보낸 금부도사와 선전관들이 이괄에게 도착했다. 이괄의 아들을 역모의 혐의로 데려가기 위함이었다. 그러나 이괄은 그들을 향해 말했다.

“아들이 역적인데 아비가 무사한 경우가 있다더냐?”

말이 끝나기 무섭게 그는 검을 휘둘러 그들의 목을 내리쳤다.

“너희들이 원하는 대로 해줄게.”

그렇게 조선 역사상 최대 규모의 반란 ‘이괄의 난’이 시작되었다.

1만여 명의 최정예 부하들을 이끌고 엄청난 빠른 속도로 남하한 이괄. 중간에 여러 전투가 벌어졌지만 허술한 실력의 관군은 이괄 부대의 적수가 되지 못했다. 이에 깜짝 놀란 인조와 서

인들은 재빠르게 도성을 버리고 공주로 향하는 피난길에 오르는 치욕을 선사받게 받는다.

하지만 반란은 실패로 돌아갔다. 도성을 점령하여 사실상 반란에 성공한 듯 보였지만 이괄은 인조를 곧바로 추격하지 않았다. 왕이 붙잡혀야 정말 끝이 나는 것인데, 이괄은 다 끝난 줄 알고 자만한 것이다. 결국 관군의 기적적인 전략으로 이괄의 부대는 패배하게 되었고, 도망치던 이괄은 도주 중에 내분이 생겨 부하에 의해 목이 잘리게 되었다.

이괄의 난은 조선에 큰 영향을 남겼다. 먼저 후금을 경계하는 북방의 경비가 박살이 나버렸다. 이는 어떠한 침략이 와도 막을 도리 없이 무방비 상태가 되었음을 의미했다. 더군다나 반란군 중 살아남은 부하들이 후금에 투항해 조선의 실상을 낱낱이 고발했다.

결국 조선의 실태를 듣게 된 후금은 조선을 침략하게 된다.

조선을 침략한 후금, 정묘호란

사실 이전에 광해군은 힘이 약해진 명나라와 떠오르는 강국 후금의 싸움에서 어느 한쪽을 특별히 지지하지 않았다. 그러나 서인들은 임진왜란에서 은혜로운 도움을 준 명나라를 배반하는 것은 패륜이나 다름없다고 생각했고, 이것이 광해군이 쫓겨난 여러 명분 중 하나가 되었다. 그렇기 때문에 인조와 서인들은 집권 후부터 후금과의 교류를 단절하는 친명배금 정책 즉, 명나라를 중시하고 후금을 멸시한다는 정책을 펼쳤다. 그런데 문제는 구체적인 전략도 없고, 마냥 명분만 쫓아 실시된 정책이라는 점이었다.

후금은 명나라를 공격하기 전에 먼저 명나라 편이라 생각한 조선이 기어오르지 못하도록 만들어야 했다. 그때 마침 살아남은 이괄의 부하들에 의해 조선의 북방 경계 시스템이 박살났다는 정보를 알게 된 후금은 망설일 필요가 없었다.

1627년 2월 23일, 광해군의 원수를 갚겠다는 명분으로 후금은 3만의 군사를 이끌고 조선에 침략한다. 이게 바로 정묘호란. 젠장, 이괄의 난의 치욕을 선사받은 지 3년 만에 인조는 또다시 피난길에 나서야 했다. 당연히 아무것도 할 수 없었던 조선은 후금의 요구를 받아들일 수밖에 없었다.

"우리를 형님의 나라로 부르겠다 약속한다면 전쟁을 멈추겠다."

결국 인조는 무조건 동의를 외치고 나서야 도성으로 돌아올 수 있었다.

"조선 국왕은 지금 정묘년 모월 모일에 금국金國과 더불어 맹약을 한다. (…중략…) **만약 우리 나라가 금국을 적대시하여 화친을 위배하고 군사를 일으켜 침범한다면 하늘이 재앙을 내릴 것이며, 만약 금국이 불량한 마음을 품고서 화친을 위배하고 군사를 일으켜 침범한다면 역시 하늘이 앙화를 내릴 것이니, 두 나라 군신은 각각 신의를 지켜 함께 태평을 누리도록 할 것이다. 천지 산천**

의 신명은 이 맹약을 살펴 들으소서."

—《인조실록》 15권, 인조 5년 3월 3일 경오 2번째 기사

놀란 가슴을 쓸어내린 피난 전문가 인조는 더 이상의 굴욕은 없겠거니 생각했지만 이는 경기도 오산이었다.

앞으로 들이닥칠 굴욕은 전에 비해 상상을 초월할 굴욕일 테니.

조선 최악의 굴욕,
병자호란

정묘호란이 발생한 지 9년 후인 1636년. 명나라는 사실상 멸망의 길을 걸었고 강력해진 후금은 국호를 청으로 변경했다. 이때 청나라는 겸사겸사 조선과의 관계를 재정립하려 했다.

"우리 청나라는 조선에게 있어서 형님의 나라가 아닌 임금의 나라라고 불릴 것을 요구한다!"

하지만 명분과 의리 하나만큼은 끝내주게 잘 지켰던 조선은 명나라를 배반할 수 없어 청의 제안을 쿨하게 거절했다. 결국 청은 12만 군사를 이끌고 조선에 침략했으니, 이게 바로 병자호란이다. 물론 피난 마스터 인조는 또다시 짐 싸고 피난을 가야 했다. 그러나 청나라는 이번에는 꼭 왕을 붙잡아겠다고 생각했다. 청의 군대는 빠른 속도로 한양으로 진격했고, 인조는 강화도로 피난을 가던 중 남한산성에 발이 묶여버렸다. 그 안에서 청나라에 항복하고 타협해야 한다는 주화파와 절대 오랑캐 놈들한테는 굴복할 수 없다는 척화파들끼리 격렬한 언쟁을 벌였다. 인조는 심히 고민했지만, 결국 45일을 버티다가 혹독한 추위와 식량 결핍으로 항복을 외친다.

청의 강한 압박에 못 이겨 결국 조선의 임금은 임금의 옷을 벗고 청나라 황제 앞에 선다. 한겨울 맨바닥에 인조는 머리를 조아렸다. 3번 무릎을 꿇고 9번 머리를 조아리는 삼배구고두례. 조선의 왕 인조는 치욕스럽게 머리를 조아렸고, 조선이 청나라의 신하가 되는 삼전도의 굴욕을 겪었다. 여기에 더해 인조의 아들인 소현세자와 봉림대군, 그리고 이들의 부인들이 볼모로 끌려가는 수모를 겪게 되었다.

인조 혼자만 치욕당하면 좋았을 것을, 누구보다 고통을 받았던 이들은 조선의 백성들이었다. 조선에 직접 쳐들어온 청 태종은 항복의 대가로 청으로 돌아가기 전에 조선의 포로를 마음껏 잡아가라고 명령했다. 이에 청의 군사들은 특히 사대부 집안의 여인들을 마구잡이로 끌고 갔고, 불쌍한 여인들은 노예로 간주되어 청나라 남성들의 노리개로 전락되기에 이르렀다. 또한 훗날 고향으로 돌아온 여인들을 기다리고 있는 것은 더러운 여자라며 멸시를 받아야 하는 고통스러운 삶뿐이었다.

희대의 악녀 후궁 조씨와 지혜로운 소현세자 부부

자식들까지 멀리 떠나보낸 인조는 하늘이 무너질 듯 마음이 아팠다. 돌이켜보면 그동안 한 것이라고는 피난을 가거나 굴욕 선사받기뿐이었으니, 시간이 지날수록 그의 불안 증세는 악화되어갔다. 특히 사랑하던 왕비는 병자호란이 터지기 1년 전에 생을 떠났으니 그의 외로움은 더 깊어져갔다. 어디 하나 기댈 데도 없는 이 세상 앞에 비통함을 느낀 인조.

침울한 상황 속에서 돌연 인조의 눈에 들어온 아름다운 여인이 있었다. 바로 후궁 조씨. 그녀의 화려한 교태에 눈이 돌아간 인조는 그녀에게서 따뜻한 위로를 받기 시작했다. 그리고 시간이 지날수록 그녀를 향한 무조건적인 총애를 보였다. 그런데 문제는 이 조씨가 참으로 야망 있는 악녀였던 것이다.

왕비의 자리가 비어 있으니 인조는 15살의 장렬왕후를 새로운 왕비로 간택했다. 하지만 조씨는 절대 용납하지 않았다. 임금의 사랑을 독차지할 사람은 자신 한 사람이라고 생각한 조씨는 인조에게 속삭였다.

"장렬왕후가 풍이 온 것 같으니 가까이하지 마세요."

모략을 일삼는 조씨에 푹 빠져 있던 인조는 아주 기겁을 했고, 그렇게 불쌍한 장렬왕후는 평생 인조의 눈길조차 받지 못하게 된다. 이처럼 간사한 조씨는 인조의 총애를 믿고 오만방자한 행동을 일삼으며 궁중을 쥐락펴락하고 있었다.

조선의 미래,
현명한 소현세자 부부

청나라에 볼모로 잡혀간 소현세자 일행은 인조와 달리 아주 놀랄 만한 능력을 펼치고 있었다. 청나라 입장에서는 소현세자와 일행의 식량을 책임지는 것이 부담을 느껴 직접 농사해서 먹으라며 경작지를 주었다. 이에 큰 고민에 빠진 소현세자에게 아내 강빈(세자빈 강씨)이 다가와 말했다.

"수많은 조선인 포로들이 노예시장에서 매매되고 있다고 합니다. 그들을 구출해서 일꾼으로 쓰면 되지 않겠어요?"

포로로 끌려간 수많은 조선인들은 엄청난 학대 속에서 고통받고 있었다. 그리하여 소현세자는 현명한 아내의 말을 따랐고,

학대에서 벗어난 조선인들은 고향으로 돌아갈 수 있다는 희망을 품고 강빈의 주관 아래 열심히 농사를 지었다.

그들의 수확량은 놀라웠다. 청나라 사람들보다 몇 배 이상이었고, 청나라 군대에 판매하는 지경에 이르렀다. 이처럼 강빈의 무역 솜씨로 큰 이윤을 남기게 되자 소현세자 부부는 조선인 포로들을 사들여 고향으로 돌려보내는 데 힘썼다.

또한 소현세자는 영리한 아내의 도움으로 청나라 높은 위치에 있는 관리들과 교류하며 조선을 핍박하지 못하도록 노력하는 외교 활동도 벌였다. 특히 인질임에도 불구하고 절대 청의 관료들에게 굴하지 않았으며, 장차 왕이 될 왕세자로서 위엄 있는 모습을 보였다. 그리고 이때 소현세자는 무엇보다 서양 신부 아담 샬과 친하게 지내면서 큰 충격을 받는다.

그는 먼저 천주교를 접하며 당시 믿을 수 없는 서양 문물을 보게 되었다. 지구가 둥글게 생겼다거나 세계 지도가 이렇게 생겼다거나, 정말이지 놀라지 않을 수 없는 신문물이었다. 무엇보다 그들의 정확한 천문역법에 감명을 받은 소현세자는 조선의 천문학이 많이 부족함을 깨달았다. 그는 강한 의지를 품고 조선에 가서 서양 문물을 널리 보급하겠다고 다짐했다. 하지만 그는 깨닫지 못했다. 조선을 생각한 본인의 행동이 곧 재앙이 되리라고는.

놀랍게도 소현세자 부부의 이러한 활약은 아버지 인조를 분노하게 만들었다.

"나는 머리 조아리는 치욕에 체면이란 체면은 다 망가졌는데, 어디 감히 여자가 포로를 구출해 농사를 주관하고 무역을 하지 않나, 그런 오랑캐 놈들이랑 시시덕거리며 친하게 지낸다고?"

청나라가 자신을 몰아내고, 친하게 지내는 소현세자를 왕위에 앉히려는 것이 아닌지 병적인 의심이 든 인조였다. 소현세자가 서양 문물에 심취해 있다는 사실을 전해 듣고 인조의 분노는 헤아릴 수 없었다. 거기에 더해 조선의 대신들은 이렇게 나불거렸다.

"세자는 은혜로운 명나라를 배신하고 저 오랑캐(청나라) 편으로 돌아섰네요!"

8년 만에 볼모생활을 마치고 돌아온 소현세자 부부였지만, 그들을 기다린 것은 싸늘한 시선이었다.

한편 조씨는 이미 두 명의 아들을 본 상태로 권세가 하늘을 찌르고 있었다. 그런 그녀에게 돌아온 소현세자 부부는 심히 거슬리는 존재가 아닐 수 없었다. 특히 강빈은 워낙 현명하고 강인한 여성이었기에 조씨가 위기감을 느낀 것이다.

"장렬왕후도 내쫓았는데 강빈 하나쯤이야."

시도 때도 없이 인조에게 달려가 자신의 주특기인 모함으로 소현세자 부부를 이간질했다. 이때 간신 김자점이란 인물도 조씨에게 힘을 실어주면서 인조의 귀는 쉴 새 없이 팔랑거렸다.

아쉽게도 세상을 바꾸기로 다짐한 소현세자였지만 조선 사회는 상상 이상으로 꽉 막힌 사회였다. 이를 제대로 파악하지 못한 소현세자는 눈치도 없이 아버지 앞에서 서양 문물과 청나라의 발전에 찬양했는데, 그럴 때면 인조의 표정은 썩어들어갔다.

안타깝게도 조씨의 저주가 먹혔는진 몰라도 소현세자는 돌아온 지 두 달 만에 의문의 죽음을 당하게 된다. 그의 죽음에 관한 실록은 이렇게 전해진다.

> **조씨는 전일부터 세자 및 세자빈과 본디 서로 좋지 않았던 터라, 밤낮으로 상의 앞에서 참소하여 세자 내외에게 죄악을 얽어 만들어서, 저주를 했다느니 대역부도의 행위를 했다느니 하는 말로 빈궁을 무함하였다. 세자는 본국에 돌아온 지 얼마 안 되어 병을 얻었고 병이 난 지 수일 만에 죽었는데, 온 몸이 전부 검은 빛이었고 이목구비의 일곱 구멍에서는 모두 선혈이 흘러나오므로, 검은 멱목으로 그 얼굴 반쪽만 덮어 놓았으나, 곁에 있는 사람도 그 얼굴 빛을 분변할 수 없어서 마치 약물에 중독되어 죽은 사람과 같았다.**
>
> —《인조실록》46권, 인조 23년 6월 27일 무인 1번째 기사

실록에서조차 조씨의 악랄한 모함과 소현세자의 죽음에 독살이 아닌지 의문을 품고 있다. 물론 조씨의 악행과 인조의 잔

인함은 여기서 멈추지 않았다.

이제 조씨에게 남은 눈엣가시는 강빈뿐이었다. 강빈과 그 자식들만 없으면 본인의 아들이 왕위에 오를 것이란 꿈에 부푼 상상을 했다. 그러다 결국 또 하나의 비극이 발생한다.

어느 날, 인조가 먹을 전복구이에 독이 발견되었다. 이때 인조는 느닷없이 생각했다.

'아, 이건 강빈이 벌인 짓이다!'

> **처음에 상이 세자빈 강씨를 미워해 오다가 드디어 여러 강씨를 귀양 보내니 안팎이 의구하였다. 이에 이르러 상이 전복구이를 드시다가 독이 있자, 강빈을 의심하여 그 궁인과 어주 나인을 하옥시켜 심문한 것이다.**
>
> —《인조실록》 47권, 인조 24년 1월 3일 신해 3번째 기사

밑도 끝도 없는 의심에 더해 인조는 강빈의 궁녀들을 불러다 잔혹한 고문을 행했다. 결국 한 궁녀가 고문을 못 이겨 강빈이 시켰다고 허위 자백을 했는데, 이때 조씨와 희대의 간신 김자점이 강빈의 사형을 강력히 주장했다. 이에 인조는 확신에 차서 강빈의 두 오빠를 고문으로 죽이고 강빈에게는 사약을 내린다. 그리고 남은 소현세자 부부의 세 아들들을 모두 제주도로 유배를 보내는 비정한 모습을 보였고, 그마저 두 명의 아들은 병에

걸려 일찍 죽게 된다. 물론 궁에서는 이 모든 게 다 조씨의 소행이라 여기는 분위기였다.

명분과 의리만을 중시하는 성리학에서 벗어나 새로운 학문과 함께 실리를 추고하고자 했던 개혁적인 인물, 소현세자와 강빈. 당시 사회가 받아들일 수 없었던 탓에 그들은 이처럼 비극적인 결말을 맞게 된다.

한편 조씨는 자신의 염원대로 소현세자 부부가 사라지게 되었고, 이제 남은 건 본인의 자식이 세자 자리를 얻는 야망뿐이었다. 하지만 무슨 일인지 예상과는 다르게 인조는 조씨의 자식을 세자로 임명하지 않았고, 소현세자의 동생 봉림대군을 선택했다.

시간이 흘러 1649년, 인조는 갑작스럽게 병상에 드러눕게 되고, 얼마 지나지 않아 사망했다. 다음으로 봉림대군은 조선 제 17대 왕 '효종'으로 즉위한다.

13장

효종의 즉위와 조씨의 죽음

봉림대군은 형 소현세자를 참 잘 따르던 동생이었다. 병자호란 때 청나라에 볼모로 잡혀가서도 형을 극진히 보필하고 보호했다. 그에게 있어 소현세자가 당한 의문의 죽음은 크나큰 슬픔으로 다가왔다. 하지만 슬퍼할 겨를도 없이 그는 형의 뒤를 이어 세자로 임명되었고 장차 왕이 될 준비를 해야만 했다.

청나라의 발달된 문물에 감명을 받은 소현세자와는 달리 봉림대군은 청나라에 부정적인 시선을 가지고 있었다. 병자호란으로 수많은 조선인들이 희생당하는 것을 두 눈으로 직접 보았고, 볼모 생활을 하며 온갖 고생을 겪었기 때문이다. 더군다나 청나라 찬양하는 소현세자 부부가 비극을 맞이했으니 봉림대군이 반청 사상을 갖는 것은 당연했다.

그렇게 시간이 흘러 1649년 인조가 승하하게 되고 봉림대군은 31세의 나이로 효종으로 등극했다.

한편 아직도 야망에 차 발악하고 있는 희대의 악녀 조씨가 있었다. 인조가 본인의 자식을 세자로 임명하지 않자 당황한 조씨는 다급하게 머리를 굴렸다.

"내 딸 효명옹주를 김자점의 손자 김세룡과 결혼시키고 훗날을 도모해야겠다!"

당시 영의정을 지낸 김자점은 인조의 무한한 총애를 받던 간신배 중 간신배였다. 물론 권력의 정점에 있던 그였으니 조씨에게 있어선 유일한 동아줄이었던 셈이다. 하지만 효종은 야심찬 조씨의 계획에 동참해줄 생각이 없었다.

반청 사상을 지닌 효종은 즉위하자마자 친청파 세력을 제거하기 시작했다. 대표적인 친청파 인물이 바로 김자점이었다. 이처럼 그나마 있던 김자점까지 쫓겨나게 되자 조씨는 이를 갈며 더 큰 야망을 품게 된다. 아예 왕을 갈아 엎어버리려는 역모를 계획했다.

하지만 효종 3년째 되던 1652년, 어느 한 여종이 충격적인 말들을 쏟아냈다.

"사실 조씨와 그 딸 효명옹주는 틈만 나면 무당과 함께 왕실을 저주하였습니다. 다른 사람의 무덤을 파헤쳐 시체의 살점을 떼어 오고 시체에서 흘러나온 즙을 적신 솜, 마른 뼈다귀를 갈아 만든 가루, 심지어는 햇빛에 바짝 말린 닭, 개, 고양이, 쥐 등등의 저주하고 기도하는 용도에 필요한 물건이라면 모아들이지 않는 것이 없었습니다. 왕의 처소에 들어가 야음을 틈타 왕대비 및 국왕이 거처하는 방과 거치게 되어 있는 길에 두루 파묻게 하였으며, 그 딸 효명옹주로 하여금 치아를 속옷띠에 매달거나 뼛가루를 화장품 상자에 넣어 두었다가 왕의 처소에 드나들면서 살짝 넣어두거나 몰래 뿌리게 하여 방과 문지방 사이의 구역에 거의 빠진 곳이 없었습니다. 국가에 화를 끼치려고 흉악한 행동을 자행하면서 못하

는 짓이 없었습니다. 그리고 이 모든 게 다 조씨가 임금을 제거하고 김자점의 손자 김세룡을 왕위에 앉히기 위한 저주였습니다!

—《효종실록》 8권, 효종 3년 3월 4일 을해 3번째 기사

효종을 끌어내리고 새로운 왕을 옹립하려 한 조씨의 계획이 모두 발각된 것이다. 심히 분노한 효종은 즉시 김자점을 반역죄로 처형했고, 수많은 이들을 죽음으로 내몰았던 악랄한 조씨 또한 사약을 받아 생을 마감하게 되었다.

효종의 치세와 어이없는 죽음

그동안 임진왜란과 이괄의 난, 병자호란을 거쳐 조선의 시스템이 박살난 상태였다. 전쟁의 폐해로 백성들의 삶 또한 죽을 맛이었고, 조정 또한 치열한 암투로 인해 혼란 그 자체였다.

이러한 상황에서 왕이 된 효종은 한줄기 빛이었다. 조선의 경제 질서를 회복시키기 위해 끝없이 고민했고, 그 결과 백성들의 삶을 안정시키기 위해 대동법을 전국적으로 확대 실시하며 끊임없이 조선의 망가진 기틀을 다듬기 위해 노력했다.

또한 그는 반청 사상으로 북벌 계획을 주장하며 국방 강화에 노력을 기울였다. 하지만 연이은 전쟁에 부담감을 느낀 많은 이들이 전쟁을 원하지 않았기에 지지를 얻기는 어려웠다. 조선의 국방력을 끌어올릴수록 청나라의 힘은 더욱 강해졌으니 사실 효종의 계획은 불가능에 가깝기도 했다. 심지어는 청과 러시아의 싸움에 청의 요구로 인해 군대를 파병해야 했으니…. 그래도 효종은 북벌론을 통해 국방력을 키우는 데 주력했고, 10년 동안 쇠퇴한 나라를 예전 모습으로 회복시켰다. 백성들의 삶 또한 차츰 안정되어 갔으니, 오랜만에 보는 명군의 모습이었다.

하지만 조선의 한줄기 빛이었던 효종에게 예상치 못할 비극이 찾아왔다. 얼굴에 거대한 종기가 난 것이다. 이에 효종은 자신이 신임하던 의관 신가귀와 유후성을 불렀다. 이날 신가귀는 병으로 집에 있었는데 임금을 위해 병을 무릅쓰고 집을 나섰다. 두 의관에게 효종은 얼굴에 난 종기를 없애기 위해 얼굴에 침을 맞는 것이 맞느냐고 물었다. 이에 신가귀가 대답했다.

"종기의 독이 얼굴로 흘러내리면서 또한 농증(화농균이 몸에 들어가서 곪는 증상)을 이루려 하고 있으니 반드시 침을 놓아 나쁜 피를 뽑아낸 연후에야 효과를 거둘 수 있습니다."

반대로 유후성은 경솔하게 침을 놓아서는 안 된다며 말렸다. 그러나 효종은 신가귀를 전적으로 믿었다. 결국 왕의 명을 받고 신가귀는 침을 들었다. 적막이 흐르는 가운데 모든 이의 시선이 신가귀의 손끝을 향했다. 수전증으로 인해 침이 심하게 흔들렸지만 다행히 신임을 받던 의관답게 종기를 완벽하게 찌르는 데 성공했다. 이에 나쁜 피가 나오니 효종은 가슴을 쓸어내리며 입을 열었다.

> **"가귀가 아니었더라면 병이 위태로울 뻔하였다."**
>
> —《효종실록》 21권, 효종 10년 5월 4일 갑자 1번째 기사

그러나 이것이 효종의 유언이 될 줄 그 누가 알았을까. 침을 놓았던 그의 얼굴에 피가 그칠 줄 몰랐고, 곧이어 궁에는 통곡 소리가 울려 퍼졌다.

예송논쟁의 현종

효종이 죽고 다음으로 왕위에 오른 이는 그의 아들인 18대 임금 '현종'이었다. 의료 사고로 아버지를 잃은 현종은 당황스러움에 통곡했다. 그래도 아버지 덕분에 조선 사회가 그나마 안정되어 비교적 평화로운 시대를 맞이했다. 물론 어느 시대건 마냥 평화로울 수는 없었다.

당시 조선은 유교 예법을 가장 중요하게 여기던 사회였다. 그런데 이 예법을 둘러싸고 주요 정치 세력들 간에 극단적인 당파 싸움이 벌어졌다. 첫 번째는 아버지인 효종의 장례를 치르는 데에서 발생했다.

서인 송시열은 이렇게 주장했다.

"효종은 인조의 둘째 왕자이므로 장자가 아니다! 그러니까 1년만 해야 된다!"

그러나 남인 허목은 반박했다.

"효종은 왕위를 계승받은 국왕이니까 장자나 다름없다! 3년 동안 상복을 입어야 한다!"

물론 이는 서인에 비해 힘이 약한 남인이 왕과 결탁해 힘을 키우기 위한 의도가 숨어 있었다. 이처럼 예법으로 정신없이 싸우는 통에 현기증이 난 현종은 원칙대로 서인의 손을 들어주었다.

하지만 시간이 지나 효종의 아내가 죽자 또다시 복상 기간을 둘러싸고 예송논쟁이 발생했다. 남인은 1년 상복을, 서인은 9개월 상복을 주장하며 피 터지게 싸웠다. 현종은 가만히 생각해보니 기분이 매우 좋지 않았다. 복상 기간은 결국 왕권의 척도였다. 서인의 주장을 따져보면 왕이라고 일반 사대부보다 특별하지 않다는 뜻이었고, 반면 남인의 주장을 따져보면 왕이 사대부보다 특별하다는 소리였다. 그래서 이번에는 남인의 손을 들어주었다.

예송논쟁은 굉장히 예민한 문제들을 다루고 있었다. 임금을 사대부의 일원으로 볼 것인지, 아니면 특별한 존재로 인식할 것인지 결정하는 복잡한 주제였기 때문이다. 더욱이 당시 예법을 통해 조선 사회를 뒤집을 수 있는 정권 교체가 이루어졌으니 매우 중요한 수단이기도 했다.

정권 교체가 이루어질 때 수많은 이들이 피를 보는 게 일반적이었지만 현종은 달랐다. 지혜로웠던 그는 이 문제를 평화롭게 해결하기 위해 1차 논쟁에서는 서인을, 2차 논쟁에서는 남인의 편을 들어주었다. 치열한 당파 싸움에서 중립을 지키며 균형을 이루도록 노력한 것이다.

현종은 예법을 둘러싼 서인과 남인의 치열한 경쟁 속에서 15년 동안 시달리다가 33세의 나이에 승하한다.

14장

배신남 숙종에 의해 벌어진 치열한 환국

역사를 둘러보면 지혜로운 아내의 도움으로 나라를 평화롭게 이끌어나가는 임금이 있는가 하면, 아내의 욕심에 휘둘려 나라를 개판 일보 직전까지 만든 임금이 있다. 그만큼 외척 세력을 어떻게 통제하느냐에 따라 국가의 운명이 완전히 달라지고는 했다.

현종이 죽고 그의 유일한 아들이 왕위에 오른다. 바로 14살의 임금 '숙종'. 그는 역대급으로 막강한 정통성을 지닌 왕이었다. 정말 오랜만에 정실부인에게서 낳은 첫째 아들이 세자가 되어 왕으로 등극한 것이다. 정통성의 끝판왕이었으니 왕권은 그 어느 때보다 강력했다. 그 와중에 피도 눈물도 없는 냉혹한 성격까지 지닌 그였다. 비교적 어린 14살의 나이로 왕위에 올랐음에도 수렴청정은 건너뛰고 바로 권력을 휘어잡아버린다.

당시는 당파 싸움이 치열한 시기였다. 아버지 현종 시대만 해도 예송논쟁으로 남인과 서인들끼리 치열하게 싸우며 정권이 바뀌고 난리도 아니었다. 오히려 숙종 시기에 들어서면서 당파 싸움은 더욱 과격해졌다.

숙종은 아버지와 달랐다. 그는 평화보단 피바람을 선택했다. 숙종 시기에만 무려 세 번의 환국이 발생할 정도로 피바람이 휘몰아쳤다. 그런데 여기서 그가 환국의 수단으로 선택한 것이 바로 부인들이었다. 그 중심에는 희빈 장씨 장옥정이 있었다.

사랑하는 여인과의 생이별

숙종은 11살 적에 첫 번째 부인 인경왕후를 맞이했다. 어머니 명성왕후는 서인 출신이었고, 인경왕후 또한 서인이었다. 그렇기에 당시 서인이 집권당이었다. 하지만 안타깝게도 인경왕후의 명은 길지 않았다. 왕비가 된 지 6년 만에 20살의 나이로 생을 마감했다. 숙종은 하늘이 무너진 듯한 슬픔을 겪어야 했다. 동갑내기로 어릴 때부터 함께 지내온 정이 있었으니 그녀의 죽음은 그를 더 외롭고 힘들게 만들었다.

그런데 그 해에 갑자기 지나가다 마주친 한 여인이 있었는데, 너무 예뻤다. 미치도록 아름다운 자태를 소유한 궁녀였다.

그녀가 바로 우리에게 장희빈으로 알려진 장옥정이었다.

희빈이란 사람의 이름이 아닌 후궁의 최고 지위인 빈嬪의 지위를 의미한다. 희禧란 그 사람을 구분하기 위한 칭호로 붙인 것이다. 예를 들어 광해군의 어머니 공빈 김씨, 연잉군의 어머니 숙빈 최씨처럼 말이다.

한눈에 반해버린 숙종은 남인 세력의 장희빈을 무척이나 총애했다. 그동안 어머니 명성왕후의 강한 입김으로 강제로 맺어준 인연이 아닌 본인이 정말로 사랑한 여인이었다. 그녀의 아름다운 외모는 실록에서까지 기록되어 있다.

나인으로 뽑혀 궁중에 들어왔는데 자못 얼굴이 아름다왔다. 경신년 인경왕후가 승하한 후 비로소 은총을 받았다.

—《숙종실록》17권, 숙종 12년 12월 10일 경신 4번째 기사

하지만 아들의 진실한 사랑을 명성왕후는 눈뜨고 볼 수 없었다. 장희빈은 남인이었기에 아들이 자신의 반대파인 남인 세력을 사랑하게 가만히 둘 수 없었다. 때마침 남인의 영수, 허적의 서자 허견이 역모를 꾸민 혐의로 첫 번째 환국인 경신환국이 발생했다. 남인의 세력이 모조리 숙청을 당하여 피바람이 분 것이다. 명성왕후는 이때를 놓치지 않았다.

"저 악독하고 간사한 장씨를 궐 밖으로 내쫓아라!"

결국 장희빈은 사저로 떠나게 되었다. 실로 불같은 어머니의

성격과 막강한 입김에 숙종은 사랑하는 여인이 내쫓겼지만 아무것도 할 수 없었다. 어머니가 버티고 있는 한 장씨를 다시 보는 일은 불가능했고 그저 마음속 한구석에 그녀를 품고 살아야만 했다.

장희빈의 재등장

명성왕후는 장희빈을 내쫓고 곧바로 아들의 결혼을 치렀다. 그녀가 선택한 여인은 당연히 서인 세력의 여인, 인현왕후였다. 두 번째 정실부인을 맞이하게 된 숙종이었지만 그는 인현왕후에게 큰 관심을 두지 않았다. 언제나 머릿속에는 장희빈뿐이었고 어떻게 하면 그녀를 다시 만날 수 있을지 고민할 뿐이었다. 그 와중에 숙종에게 장희빈을 데려올 절호의 찬스가 생긴다.

1683년 어느 날, 숙종이 천연두에 걸려 사경을 헤매게 되었다. 당시 천연두는 악성 전염병으로 사망률이 매우 높았다. 아들이 이처럼 죽을 위기에 처하자 명성왕후는 울고 불며 소원했다.

“아들의 병을 고칠 수만 있다면 무슨 짓이든 다 할 것이다.”

평소 무속 신앙을 신봉했던 그녀는 당장 무당을 찾아갔다. 그리고 무당은 그녀에게 이렇게 지시했다.

“쾌유를 위해선 어머니가 속옷 차림으로 매일 물벼락을 맞아야 합니다.”

아들의 병을 고치기 위해서는 뭐든지 다 하기로 마음먹은 명성왕후였다. 아들이 죽음을 피할 수만 있다면 물벼락쯤이야 별것도 아니었다. 그녀는 혹독한 겨울 날씨임에도 불구하고 매일같이 속옷 차림으로 물벼락을 맞다 1683년 음력 12월, 독감에 걸려 죽게 된다.

위기가 곧 기회였다. 어머니의 어이없는 죽음은 매우 안타깝지만, 한편으로 사랑하는 여인을 볼 기회가 생긴 것이다. 숙종은 열심히 어머니의 3년 상을 치르자마자 장희빈을 궁궐로 다시 데려올 수 있었다. 이때부터 인현왕후는 거들떠보지도 않고 오직 장희빈만을 부르며 무한한 애정을 쏟는다.

한편 서인 세력들은 이 상황이 몹시 불편했다. 남인 세력의 장희빈만 예뻐하니 본인들의 위치가 불안했기 때문이다. 인현왕후와 서인들은 온갖 노력을 하며 장희빈을 견제했다. 하지만 일편단심 숙종의 마음은 전혀 흔들리지 않았다. 오히려 장희빈에게 후궁 첩지를 내렸다.

서인들의 견제에 코웃음 치기라도 하듯 장희빈이 임신을 해버렸다. 심지어 아들이었다. 숙종에겐 첫 아들이었기에 한없이 기뻐했고 장희빈의 입지 또한 더욱 단단해졌다. 그러면 그럴수록 서인들은 더욱 불안에 떨어야 했다. 이러한 상황에서 어느 날, 다혈질이었던 숙종의 성격이 폭발하여 피바람이 휘몰아치게 된다.

장희빈의 산후조리를 위해 그녀의 친정 엄마가 가마를 타고 궁궐로 들어올 때였다. 사헌부 관리가 그녀의 가마를 빼앗고 가마꾼인 종들을 처벌한 것이다. 원래 법대로라면 천인 신분이었던 장씨의 엄마는 가마를 타면 안 되는 것이 맞았다. 하지만 숙종은 분노했다. 서인들이 반감을 갖고 벌인 일이라 판단한 것이었다.

"신이 듣건대 '장소의 모친이 8인이 메는 옥교를 타고 궐중에 왕래한다.'고 합니다. 그런데 장소의의 어미는 한 천인일 뿐인데, 어찌 감히 옥교를 타고 대궐에 드나들기를 이와 같이 무엄하게 할 수가 있습니까? 옛날 선조 초년에 유모가 옥교를 타고 입궐하니, 선조께서 매우 준엄하게 꾸짖으시며 즉시 명하여 내쳐 물리치고는 걸어서 돌아가게 하였으니, 화란의 조짐을 막는 뜻이 이 또한 지극했던 것입니다. 대저 명분이 혹 문란하게 되면

법도에 지나친 습관이 불어나고, 궁위宮闈가 엄중하지 않으면 외인의 출입을 막는 법도가 해이해질 것입니다. 전하께서는 잇달아 지금부터 마땅히 액정掖庭을 경칙警勅하여 등급의 한계를 정돈하고 안과 밖을 엄숙 화목하게 하여 위와 아래의 구분이 확실해지게 하소서."

—《숙종실록》 19권, 숙종 14년 11월 12일 신사 2번째 기사

결국 화가 단단히 난 숙종은 과감하게 선언했다.

"장씨의 아들을 원자로 책봉하겠다!"

이는 곧 숙종의 후계자를 정한다는 의미였다. 아직 정실부인 인현왕후가 20대 초반으로 충분히 아이를 낳을 수 있는 상황이었지만, 그럼에도 불구하고 후궁의 아이를 훗날 세자로 책봉하겠다는 뜻을 강하게 전했다.

당연히 서인들은 길길이 날뛰었다. 이대로 가다간 찬밥 신세로 전락할 것이 뻔했기 때문이다. 하지만 불 같은 숙종은 행하고야 마는 성격이었다. 심지어 그 대단한 서인의 대표 송시열이 이는 부당한 처사라며 철회하라는 상소를 올리자 숙종은 칼을 빼들었다. 송시열을 유배 보내 사약을 내렸고 그 외에도 미쳐 날뛰는 서인들의 목을 모조리 쳐버렸다. 이게 바로 두 번째 환국, 기사환국이었다.(1689년)

여기서 멈추지 않았다. 정실부인 인현왕후마저 폐출시켰다. 수많은 신하들의 반대에도 숙종은 흔들리지 않았다. 결국 인현

왕후를 내쫓자마자 다시 선언했다.

"장희빈을 왕비로 맞이하겠다!"

> **희빈 장씨는 좋은 집에 태어나서 머리를 따올릴 때부터 궁중에 들어와서 인효공검**人孝恭儉**하여 덕이 후궁에 드러나 일국의 모의가 될 만하니, 함께 종묘를 받들고 영구히 하늘의 상서로움을 받을 것이다. 이에 올려서 왕비를 삼노니, 예관으로 하여금 일체 예절에 따라 즉각 거행하게 하라.**
>
> —《숙종실록》 21권, 숙종 15년 5월 6일 신축 2번째 기사

장희빈은 조선 역사상 유일하게 궁녀 출신에서 정실 왕비까지 올라간 여성이었고 이제 그녀의 세상이 되었다.

하지만 그녀의 행복은 그리 오래가지 못했다. 숙종은 생각보다 더 갈대 같은 남자였다.

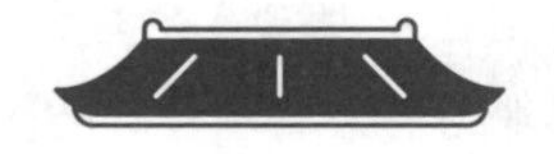

최종 승리자는 무수리 최씨

인현왕후가 폐위당한 지 5년 정도 지났을까. 늦은 밤에 숙종이 궁을 거닐다 불이 켜져 있는 한 여인의 방을 보게 되었다. 숙종은 가까이 다가가 여인에게 물었다.

"이 늦은 밤중에 무엇을 하고 있느냐?"

그 여인은 물을 기르는 무수리 최씨였다. 그녀가 깜짝 놀라며 대답했다.

"폐위되신 인현왕후의 생신이라 간단히 상을 차려 복을 빌고 있습니다."

그녀의 착한 마음씨에 감명을 받은 숙종은 사랑에 빠진다.

물론 이는 야사이므로 100퍼센트 신뢰할 수는 없지만 무수리 최씨에 반해버린 숙종은 마음이 변했다. 장희빈보다 최씨를 더 총애하게 된 것이다. 그렇게 최씨는 후궁의 자리에 오르게 되었고 심지어 아들 연잉군까지 낳게 된다.

최씨에게 갈아탄 임금을 보고 서인들은 기회라고 생각했다. 어쩌면 그녀를 이용해 정권을 교체할 수 있다고 판단했다. 서인들은 장희빈을 왕비 자리에서 내쫓기 위해 인현왕후 복위 운동을 벌인다.

물론 남인들은 가만히 있지 않았다. 감히 기어오르는 서인들을 아예 싹 때려잡겠다는 심산으로 숙종에게 서인들 좀 혼내달라고 보고했는데, 그런데 웬걸. 숙종은 더 이상 남인의 편이 아니었다. 최씨에게 빠져도 단단히 빠져 있던 숙종은 오히려 남인들을 내쫓았다. 사실 그동안 남인의 권력이 매우 강해지고 있다 생각한 숙종은 이를 계기로 정권 교체를 이룬 것이다. 그렇게 정권은 서인에게로 넘어갔으니, 이것이 세 번째 환국, 갑술환국이었다.(1694년)

결국 남인 세력은 다시 제거되었고 인현왕후가 왕비로 복귀했다. 자연스럽게 장희빈은 왕비의 자리에서 쫓겨나 다시 후궁이 되어 취선당으로 거처를 옮겨야 했다. 어째서 사랑이 이리 왔다 갔다 하는지 가뜩이나 몸도 좋지 못했던 장희빈은 슬픔 속에 하루하루를 보내야 했다. 그러나 그녀의 비참함은 시작에 불과했다.

1701년, 병상에 누워 있던 인현왕후가 결국 생을 떠나게 되었다. 어쩌면 왕비 자리가 비워지게 되었으니 그 자리는 세자의 어머니 장희빈이 되찾을 수 있었다. 그러나 이를 눈뜨고 지켜볼 수 없는 여인이 버티고 있었다. 바로 최씨. 그녀는 임금에게 달려가 말했다.

"인현왕후께서 아프신대도 장희빈은 한 번도 안 들렀습니다. 왕비의 호칭도 버릇없게 민씨라고만 일컬었고 글쎄 저번엔 '민씨는 실로 요사스러운 사람이다.'라고 했습니다. 이뿐만이 아닙니다. 장희빈이 취선당에서 몰래 인현왕후가 죽기를 바라는 저주를 하고 있었습니다!"

> **"숙빈 최씨가 평상시에 왕비가 베푼 은혜를 추모하여, 통곡하는 마음을 이기지 못하고 임금에게 몰래 고하였다." 하였다.**
>
> —《숙종실록》35권, 숙종 27년 9월 23일 정미 1번째 기사

근거 없는 숙빈 최씨의 말을 들은 숙종은 다짐했다.

'장희빈을 죽여야겠다.'

장희빈은 억울함을 호소했지만 이미 숙종은 마음을 먹은 상태였다. 관련된 자들을 심문했고 모진 고문 끝에 자백을 받아냈다. 많은 신하들이 사형만큼은 만류했지만 행하고야 마는 숙종

이었다. 그렇게 세자의 생모임에도 불구하고 숙종은 장희빈에게 자결을 명했다. 이 사건이 바로 무고의 옥이었다.(1701년)

> **"희빈 장씨가 내전**内殿**을 질투하고 원망하여 몰래 모해하려고 도모하여, 신당을 궁궐의 안팎에 설치하고 밤낮으로 기축**祈祝**하며 흉악하고 더러운 물건을 두 대궐에다 묻은 것이 낭자할 뿐만 아니라 그 정상이 죄다 드러났으니, 신인**神人**이 함께 분개하는 바이다. 이것을 그대로 둔다면, 후일에 뜻을 얻게 되었을 때, 국가의 근심이 실로 형언하기가 어려울 것이다. 전대 역사에 보더라도 어찌 두려워하지 않을 수 있으랴? 지금 나는 종사**宗社**를 위하고 세자를 위하여 이처럼 부득이한 일을 하니, 어찌 즐겨 하는 일이겠는가? 장씨는 전의 비망기**備忘記**에 의하여 하여금 자진하게 하라."**
>
> —《숙종실록》35권, 숙종 27년 10월 8일 신유 8번째 기사

이후에도 숙종은 마음에 들지 않는 상황에 아낌없이 피바람을 선사했다. 결국 남인 세력은 정권에서 물러나야 했고, 서인은 둘로 갈라지게 된다. 장희빈의 아들이었던 세자를 지지하는 소론과 숙빈 최씨의 아들이었던 연잉군을 지지하던 노론. 그리고 훗날 두 아들은 모두 치열한 암투를 겪으며 왕위에 오른다.

15장

백성을 위한
임금의 욕심

무시무시한 권력을 휘두른 숙종은 부인들을 이용해 정권을 교체했고, 동시에 모든 신하들은 임금 앞에서 벌벌 떨 수밖에 없었다. 더군다나 여태껏 그 어느 역대 왕들보다도 성미가 불같았으니 그의 비위를 거스르는 행위란 곧 자살행위나 다름없었다.

한편 피바람을 이용해 막강한 왕권을 다진 숙종이었지만, 그는 아버지로서 좋은 사람이 아니었다. 훗날 왕이 될 세자에게 좋은 환경을 만들어주기보다는 죽을 때까지 자신의 왕권을 위한 환국을 실시하는 데 몰두했다. 어쩌면 숙종의 눈에 세자는 단지 죄인의 아들이었을까.

장희빈에게 사약을 내릴 정도로 그녀에게 이미 마음이 떠난 숙종은 그 화살을 세자에게로 돌렸다. 차라리 숙빈 최씨의 아들 연잉군이 세자가 되는 것이 어떻겠느냐는 심산이었다. 물론 이렇게 되니 세자를 지지하는 소론과 연잉군을 지지하는 노론의 서로 정권을 차지하기 위해 극심한 당파 싸움이 야기되었다. 이 와중에 숙종은 병세가 급격히 악화되어 60세의 나이에 생을 마감하게 된다.

결국 죽은 장희빈의 아들이 '경종'으로 다음 왕위에 오른다.

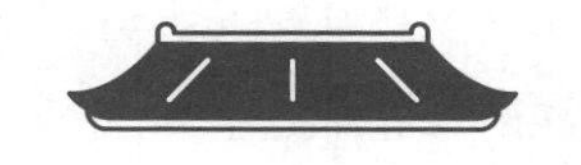

왕이 된 장희빈의 아들, 경종

장희빈의 아들이 왕위에 올랐다. 그가 바로 조선 제 20대 임금 경종이다.

소론이 지지하는 경종이 왕위에 올랐지만 정국은 숙종이 밀어줬던 노론이 휘어잡고 있었다. 물론 노론의 욕심은 일시적으로 정권을 잡는 데 그치지 않았다. 그들이 세상을 지배하기 위해선 연잉군이 왕이 되어야 했다. 이 와중에 경종의 건강이 좋지 않았고 무엇보다 후사가 없었다. 이는 노론에게 매우 좋은 명분이 아닐 수 없었다.

'자식도 낳지 못하고 병이 많아 빌빌대고 있으니 연잉군을

세제(왕위를 이어받을 왕의 아우)로 삼아 후계자로 만들어야겠다!'

재위 1년도 지나지 않은 상태에서 지들 멋대로 하루빨리 연잉군을 왕세제로 임명하자는 상소를 올렸다. 이는 노론이 얼마나 경종을 무시하고 하찮게 보는지 알 수 있는 대목이었다. 당연히 소론 측의 반대가 심했지만 노론의 힘은 막강했기에 그들은 무작정 밀어붙였다. 그렇게 경종의 유일한 혈육이었던 연잉군은 왕세제로 임명되어 궁궐로 들어오게 된다.

이후에도 노론은 끊임없이 경종을 압박했다. 하지만 정도가 없었다는 게 문제였다. 몸도 허약하니 연잉군으로 하여금 나랏일을 주관하게 하는 대리청정을 주장했다가 목숨이 날아가는 사태가 벌어졌으며 정권이 소론으로 넘어가는 계기가 되었다. 이때만큼은 허약했던 경종도 이러한 행동을 용납하지 않았다. 그래도 경종은 이복동생이자 세제 연잉군을 끝까지 보호했다. 연잉군이 역모 혐의로 죽을 위기에 처했을 때에도 경종은 그를 끝까지 감싸 후계자 자리를 지켜주었다. 그러나 안타깝게도 노론과 소론의 치열한 싸움 속에서 경종은 4년 만에 생명을 잃게 된다. 그런데 연잉군이 경종을 독살했다는 소문이 나돌기 시작했다.

경종이 병상에 누워 있을 때, 누군가가 올린 게장과 생감을 먹고 건강이 급격하게 악화되었다. 게장과 생감은 당시에도 최악의 궁합이었으니 경종은 소화불량으로 복통과 설사에 시달렸다. 그런데 그 음식을 올린 이가 바로 연잉군이었다. 게다가 연잉군은 의식을 잃어가는 경종에게 인삼을 처방할 것을 명령했다. 당시 어의들은 복통에는 인삼이 좋지 않았다고 반대했으나, 연잉군은 주장을 굽히지 않았다.

결과적으로 경종은 사망했고, 연잉군은 억울함을 호소했지만 이 사건은 그를 평생토록 괴롭히게 된다.

극심한 콤플렉스에 시달린 영조

경종이 죽고 다음 후계자는 왕세제였던 연잉군이었다. 그렇게 왕위에 오르게 된 '영조'. 극심한 당쟁의 폐해를 겪은 그는 노론과 소론이 더 이상 싸우지 않기를 희망했다. 지들끼리 정권을 가져오기 위해 상대를 죽고 죽이는 유혈사태가 벌어지는 것이 지겨웠기 때문이다. 물론 실패로 돌아갔지만 탕평책(당쟁의 폐단을 없애기 위하여 각 당파에서 고르게 인재를 등용하던 정책)을 시도한 군주였다.

한편 그는 극심한 콤플렉스에 시달린 임금이었다. 어머니 숙빈 최씨는 무수리 출신으로 미천한 신분이었다. 또한 형 경종을 죽인 살인범이라는 누명을 썼고 적자가 아닌 방계 출신이었으니 정통성 부분에서 취약했다. 그래서 그가 선택한 것이 바로 공부였다. 백성들을 위한 통치를 추구하며 신하들을 잘 컨트롤하기 위해서는 누구보다 엄격한 자기관리로 끊임없이 공부한 것이다. 하지만 안타깝게도 이러한 콤플렉스 때문에 영조는 역사상 최악의 참변을 일으킨다.

영조는 왕이 되기 전 11살의 나이에 결혼했다. 그 부인이 바로 정성왕후. 하지만 그녀는 가장 쓸쓸한 삶을 보낸 왕비였다. 영조는 무슨 이유에서인지 그녀를 끔찍이도 싫어하여 그녀가 죽을 때까지 쳐다보지 않았다. 영조는 본부인보다 첩에게 애정을 쏟은 인물이었다.

첩인 정빈 이씨를 매우 총애했던 영조는 일편단심 그녀만을 바라보았다. 정빈 이씨는 그에 보답이라도 하듯 1719년에 아들을 낳았고, 그가 바로 훗날 효장세자였다. 아들을 보아 한없이 기쁜 영조였지만 그 행복은 오래가지 않았다. 영조가 임금으로 즉위하기 바로 전, 정빈 이씨가 의문의 죽음을 당하게 된 것이다. 큰 절망감에 빠진 영조였지만 그는 슬픔을 털어내고 새롭게 사랑하는 여인을 발견한다.

영조를 한눈에 사로잡은 여인은 궁녀 이씨였다. 당시 30세의 적지 않은 나이였지만 왕의 승은을 입는 것은 행운이나 다름없었다. 한 번 사랑하면 일편단심이었던 영조는 그녀를 무한히 총애했고, 그렇게 그녀는 후궁으로서 가장 높은 품계인 정1품이 되어 영빈 이씨로 불리게 되었다.

그러던 1728년, 왕실에서 한 가지 안타까운 일이 발생했다. 죽은 정빈 이씨의 아들 효장세자가 10살의 어린 나이에 요절한 것이다. 맏아들이자 유일한 아들의 죽음은 영조에게 큰 충격으로 다가왔다. 식음을 전폐하며 통곡으로 밤을 지새웠으니, 감히 그의 슬픔을 헤아릴 수 없었다.

한편 이때 무엇보다 왕실에서 가장 큰 문제는 대를 이을 후계자가 없었다는 것이다. 그렇기에 영조는 꼭 아들이 필요했다.

사랑하는 영빈 이씨는 끝까지 노력했다. 딸만 다섯을 출산했지만 영조는 그녀를 믿었다. 다른 후궁은 절대 들이지 않고 오직 그녀에게서 아들을 얻길 희망했다. 그리고 마침내 1735년, 영빈 이씨가 40에 가까운 나이로 왕자 이선을 낳는다. 이때 영조의 나이도 42세로 적지 않은 나이였다.

왕위 계승자를 그토록 바라던 그에게 왕자 이선은 너무나도 귀하고 소중한 늦둥이 아들이었다. 하지만 이때에는 아무도 몰랐다. 이 아이가 아버지에 의해 뒤주에 갇혀 죽게 될 운명임을.

너무나 소중한 아들, 이선

그동안 아들 복이 없었던 영조에게 이선은 장차 왕의 대를 잇는 아주 귀중한 아들이었다. 그래서인지 태어나자마자 그를 원자로 칭했고, 돌이 지나자마자 역대 최연소로 세자에 책봉되었다. 세자의 총명함 또한 영조에겐 기쁨으로 다가왔다. 3살 때부터 글을 읽고 썼으며 많은 신하들이 감탄할 정도로 차기 임금에 걸맞은 인물로 많은 기대를 모았다. 그렇게 세자는 열심히 학문에 힘쓰며 교육을 받게 되는데, 하지만 영조의 기대는 정말 상상을 초월했다.

본인이 천한 무수리의 자식이라는 콤플렉스로 인해 죽기 살기로 공부하며 완벽주의자 모습을 보였던 영조는 세자를 본인보다 더 완벽한 인물로 만들고 싶어 했다. 그렇기에 무조건 공부만 하도록 시켰다. 어린 세자가 공부하다 책을 못 읽거나 실수할 수 있을 법도 한데, 영조는 정말 가차 없었다. 몰인정할 정도로 어린 아들을 심하게 구박하고 혼냈다. 특히 신하들이 보는 앞에서 어린 세자를 망신 주는 행동을 자주 보였다.

세자는 성장할수록 학문보다는 그림과 무예에 더 흥미를 느꼈고, 먹는 것을 매우 좋아해 체구가 점점 커져갔다. 이에 항상 소식하며 자기 관리가 철저했던 영조는 세자의 모습을 보고는 한심하다는 듯 얘기했다.

"어휴, 저 배 좀 봐라. 식탐은 또 어찌나 많은지 날로 뚱뚱해지는 모습이 답답할 뿐이다."

세자의 모든 행동이 마음에 들지 않았던 영조는 세자만 보면 한숨을 쉬는 일이 다반사였다. 한숨만 쉬면 다행이지 유례없는 학대를 받은 세자의 자존감은 끝없이 떨어지게 되었으며 아버지를 보는 게 점점 두려워지기 시작했다. 그의 앞에만 서면 기가 죽어 어떤 말도 제대로 하지 못하는 지경이었다.

신속 정확한 성격을 지닌 영조의 입장에서 그런 세자가 참으로 답답해 죽을 지경이었다. 구박이 이어졌고 세자는 고통스러워하며 악순환의 고리는 끊어지지 않았다. 어쩌면 이때부터 비극은 이미 예견된 일이었을까.

세자가 15살이 되던 해에 영조는 무슨 이유에서인지 대리청정을 맡긴다. 그렇게 세자가 왕을 대신해 정사를 돌보게 되었지만, 이게 대리청정인지 공개 처형인지 알 수 없는 지경에 이르렀다.

올라온 상소를 처리하는데 세자가 결단력 있게 진행하면 영조가 성질을 냈다.

"네가 뭔데 내가 시행했던 걸 바꾸냐?"

그래서 다음으로 올라온 상소에서는 영조의 의견을 물었더니 답답하다는 듯 영조가 대답했다.

> **"그런 거 하나 너 혼자 결정을 못하니, 대리청정을 시킨 보람이 없다."**
>
> —《영조실록》69권, 영조 25년 2월 16일 갑오 1번째 기사

유감스럽게도 이는 시작에 불과했다. 영조는 왕권에 욕심이 없음을 어필하기 위해, 그리고 세자의 일 처리가 마음에 들지 않아서 선위(임금의 자리를 물려줌) 파동을 일으키게 된다. 이땐 왕이 왕위를 물러나겠다 선언하면 모든 신하들이 '아니 되옵니다.'를 외치며 개고생을 해야 했다. 그래야 충신이고 그렇지 않으면 왕을 몰아내고 싶어 하는 역적이 되기 때문이다.

이럴 때마다 세자는 추운 겨울에 석고대죄를 해야만 했다. 심지어는 얼굴에 피범벅이 될 때까지 머리를 내려치기까지 했

는데, 이런 상황이 여러 차례 벌어졌으니 세자의 정신 상태가 온전할 리 없었다. 노론, 소론이 이때만큼은 싸우지 않고 얘기했다.

"전하께서 너무 엄격하게 대하셨기 때문에 세자께서 지나치게 두려워하고 위축되어 제대로 말씀드리지 못합니다."

그러든 말든 영조는 세자가 마시지도 않은 술을 마셨다며 우기고 꾸짖었다. 또한 세자가 생일이 되던 해마다 영조는 신하들 앞에서 세자를 불러다 면박 주고 흉을 보며 생일빵을 날려주곤 했다.

끝이 아니었다. 1757년 여름, 세자가 영조를 따라 홍릉에 참배를 하러 가던 날, 매우 큰 비가 내렸다. 이에 갑자기 화가 난 영조가 소리를 질렀다.

"날씨가 이따위인 게 다 세자를 데려온 탓이다. 넌 도로 궁에 들어가라!"

결국 이 모든 핍박을 견디다 못한 세자는 정신병이 생기게 된다. 총명했던 세자가 미치광이 연쇄살인마로 변모한 것이다.

미치광이 연쇄살인마, 사도세자의 비참한 말로

세자가 얻은 병은 매우 심각한 수준이었다. 먼저 아버지를 두려워하여 사람을 대하는 데 경계증이 생겼으며, 특히 옷을 잘 입지 못하는, 의대증이라 불리는 강박증에 걸리게 된다. 옷 한 벌을 입기 위해 스무 벌이 필요했다. 이때 자신의 피부에 손이 닿기라도 하면 세자는 분노를 통제하지 못했고, 그 나인들은 죽음을 면치 못했다. 헛것까지 보이게 된 세자는 죽인 이들의 목을 들고 다니며 자랑까지 했다고 전해진다. 살인뿐 아니라 성폭행까지 저지르는 충격적인 만행들을 일삼게 되는데, 그 대상은 사랑하는 여인마저도 예외는 아니었다.

세자가 많이 총애하던 궁녀 박씨라는 여인이 있었다. 둘 사이에 자식도 있을 정도로 세자가 좋아한 여인이었다. 그러던 어느 날 박씨가 세자의 옷을 입혀주는 와중에 그만 실수로 그의 피부에 손이 닿는다. 이에 세자는 정신병이 발병하여 이성의 끈을 놓아버렸다. 두 주먹으로 멈추지 않고 그녀를 마구 폭행했다. 결국 박씨는 남편에 의해 살해당했고 그녀의 자식인 은전군도 세자의 칼에 두들겨 맞은 뒤 우물에 던져졌다. 그리고 세자는 이 모든 악행의 원인을 영조의 탓으로 돌렸다. 칼을 들고 아버지를 죽이겠다며 발악까지 했다.

이처럼 극으로 치닫는 상황에 세자의 생모 영빈 이씨는 영조에게 이렇게 얘기했다.

> **"세자가 환관, 나인, 노비 등을 죽인 것이 거의 백여 명이오며 불로 지지는 형벌을 가하는 등 참혹한 형상이 이루 말할 수 없습니다."**
> **"세자가 무덤을 만들어 왕을 묻고자 했으며… 어미인 저도 몇 번이나 죽이려 했습니다. 저는 괜찮지만 임금의 위험이 숨 쉴 사이에 있으니… 어찌 감히 제가 사실을 아뢰지 않겠습니까? 대처분하소서!"**
>
> —《한중록》 중에서

결국 1762년 5월, 영조는 세자를 불러냈다. 국가를 위해 세자는 죽어야 한다고 생각한 영조였다. 영조는 칼을 던지며 자결할 것을 명했다. 세자는 빌면서 말했다.

"제발… 아버지, 잘못했습니다. 앞으로는 공부 열심히 할 테니 제발 살려주세요!"

하지만 영조의 반응은 싸늘했다. 단지 자결을 명할 뿐이었다. 결국 모든 것을 포기한 채 세자가 자결하려 했지만 그때 신하들이 달려와 막으며 용서해달라고 애걸했다. 그럼에도 영조는 멈추지 않았다.

임금이 칼을 들고 연달아 차마 들을 수 없는 전교를 내려 동궁의 자결을 재촉하니, 세자가 자결하고자 하였는데 춘방春坊의 여러 신하들이 말렸다.

—《영조실록》 99권,
영조 38년 윤5월 13일 을해 2번째 기사

심지어 도승지 이이장이란 자가 이렇게 말했다.

"전하께서 깊은 궁궐에 있는 한 여자의 말로 인해서 국본國本을 흔들려 하십니까?"

—《영조실록》 99권,
영조 38년 윤5월 13일 을해 2번째 기사

그럼에도 영조는 뒤주를 가져오게 했고 세자를 그 안에 가둔다.

아버지의 따뜻한 사랑 한 번 받지 못하고 결국 돌이킬 수 없는 지경에 이르게 된 세자. 그렇게 뒤주에 갇혀 물 한 모금 마시지 못한 채 8일이 지나 세자가 다시 세상 빛을 보았을 때, 그는 싸늘한 주검이 되어 있었다. 28살이라는 짧은 나이로 비참하게 생을 마감한 것이다.

영조는 세자가 죽은 뒤 '사도'라는 시호를 내렸다. 세자 본인의 과오를 후회하는 것을 '사'라 하고, 이른 나이에 죽은 것을 '도'라 하여 사도는 죽음으로써 본인의 잘못된 과오를 뉘우쳤다는 의미였다.

아들을 떠나보낸 영빈 이씨의 생도 그다지 행복할 수 없었다. 큰 충격에 빠져 식음을 전폐하며 수년을 눈물로 지새운 그녀는 사도세자의 3년 상이 끝난 바로 다음 날 1764년 7월 26일, 아들 곁으로 떠난다.

16장

조선의 마지막 희망

영조는 아들 사도세자를 미워하고 학대했지만 세자의 아들이자 세손인 이산만큼은 몹시 총애했다. 세자와 다르게 세손은 학문에 관심이 많았고 그런 세손을 언제나 칭찬하며 예뻐했다.

하지만 이산은 11살의 어린 나이에 큰 충격을 받는다. 아버지인 사도세자가 할아버지 영조에 의해 처참하게 죽는 임오화변을 두 눈으로 보았기 때문이다. 아버지가 뒤주에 갇히기 전, 눈물로 애걸하며 제발 아버지를 살려달라고 부탁했지만 결국 그는 아버지의 죽음을 막지 못했다.

역적의 아들은 왕세손이 될 수 없었다. 그래서 영조는 이산의 호적을 사도세자가 아닌 죽은 효장세자의 양자로 삼아 왕통을 잇게 했다. 세손의 자리를 유지한 이산은 흔들리지 않았다. 아버지의 죽음을 봐서인지 그 누구보다 학문에 힘썼고 영조가 바라는 완벽한 차기 임금의 모습을 보였다. 더럽게 깐깐한 영조가 한 번도 혼내지 않았을 정도였으니, 이산은 그야말로 엄친아 모범생이었다.

임오화변 이후로도 영조는 세손과 함께 무려 14년 간 정국을 다스렸다. 그러다 1776년, 83세의 고령의 나이로 영조는 생을 떠난다. 역대 임금 중 가장 장수한 왕이었다. 그렇게 이산은 할아버지의 뒤를 이어 왕위에 올랐다. 그가 바로 '정조'였다.

정조는 즉위하자마자 자신의 즉위를 반대했던 척신들을 모조리 척결했다. 그리고 타고난 리더십으로 조선에 꽃을 피우기 시작했다. 탕평책을 실시하여 신하들을 고루 등용했고, 규장각을 설치하여 인재들을 모았으며, 문화적인 통치로 나라를 다스렸다. 또한 왕권 강화를 위해 장용영을 설치하여 군권을 장악하는 등 어떠한 위협에도 흔들리지 않을 완벽한 군주의 모습을 갖춰나갔다.

하지만 이런 강인한 그에게도 세상이 무너질 듯한 시련이 찾아왔다. 바로 사랑이었다.

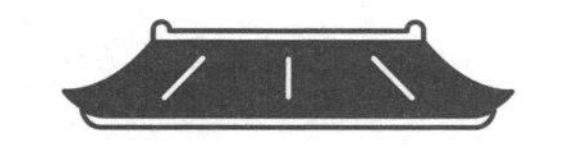

평생 한 여자만 바라보고 사랑했던 순정파, 정조

정조는 왕세손이었던 시절에 11살의 나이로 세손빈을 맞이했다. 하지만 그는 세손빈에게 관심을 두지 않았다. 일찍이 마음이 갔던 한 여인이 있었기 때문이다. 바로 성덕임.

궁녀였던 덕임은 어렸을 때부터 정조의 어머니 혜경궁 홍씨의 예쁨을 받으며 자라왔다. 그녀와 자주 마주쳤던 정조는 마음속에 사랑이라는 감정을 품기 시작했다. 그러다 4년이라는 시간이 흘러 15살이 되자 공식적으로 후궁을 둘 수 있게 됐다. 정조는 당연하게도 망설일 것도 없이 덕임에게 쏜살같이 달려가 말했다.

"나의 후궁이 되어줘!"

하지만 웬걸, 덕임은 울면서 얘기했다.

"아직 세손빈께서 아이를 낳지 못 하셨으니 저는 후궁이 될 수 없습니다."

참으로 영특했던 덕임은 세손빈이 자식을 낳는 것이 우선이라 생각했다. 그렇게 목숨 걸고 왕세손의 승은을 거절한 것이다. 약간 당황했지만 그래도 정조는 그녀의 깊은 뜻을 이해하고 받아들였다.

시간이 흘러 정조는 왕위에 등극하고서도 좀처럼 자식을 얻지 못했다. 그동안 왕실에서 간택된 정비 효의왕후와 후궁 화빈 윤씨, 원빈 홍씨가 있었지만, 혹시나 자식을 낳는 기능에 문제가 있는 것이 아닌지 자식이 없는 것은 앞날의 종사에 큰 걱정으로 다가왔다. 그래서 또다시 후궁을 들이려 할 때 갑자기 정조가 이렇게 다짐했다.

'내가 사랑하는 여인을 후궁으로 두겠다!'

그 사랑하는 여인이 바로 15년 전에 본인을 찼던 성덕임이었다.

정조는 다시 그녀를 찾아가 고백했다.

"나의 후궁이 되어줘!"

덕임은 또다시 울면서 말했다.

"거절합니다!"

어찌하여 사랑을 받아주지 않는 것인지, 두 번째 거절당하자 정조는 이제 성질이 났다. 그녀를 포기할 수 없음에 제대로 삐뚤어진 정조는 덕임의 하인들을 혼내기 시작했다. 그제야 덕임은 뜻을 굽히고 정조의 마음을 받아들였다.

드디어 꿈에 그리던 사랑을 이룬 정조. 다른 여인들은 다 내쳐두고 오로지 덕임을 향한 무한한 사랑이 시작됐다. 그 어느 때보다 열정적으로 사랑을 듬뿍 주었고, 놀랍게도 덕임은 바로 아이를 가지게 되었다.

안타깝게도 두 번의 유산이 있었지만 1782년에 결국 그녀는 아이를 낳게 된다. 그토록 기다리던 첫 왕자였다. 사랑하는 여인이 그것도 바로 귀한 왕자를 낳아주니 정조는 더할 나위 없이 행복했다. 이때 31세라는 당시엔 적지 않은 나이였던 정조는 이렇게 기뻐했다고 전해진다.

"궁인 성씨가 태중이더니 오늘 새벽에 분만하였다. 종실이 이제부터 번창하게 되었다. 내 한 사람의 다행일 뿐만 아니라, 머지않아 이 나라의 경사가 계속 이어지리라는 것을 확실히 알 수 있으므로 더욱더 기대가 커진다. '후궁은 임신을 한 뒤에 관작을 봉하라.'는 수교受敎가 이미 있었으니, 성씨를 소용昭容으로 삼는다." 하니, 신하들이 경사를 기뻐하는 마음을 아뢰었다. 임금이 이

르기를, "비로소 아비라는 호칭를 듣게 되었으니, 이것 이 다행스럽다."

—《정조실록》 14권, 정조 6년 9월 7일 신축 1번째 기사

아들은 바로 원자 칭호를 받게 되었으며 이때 덕임은 의빈으로 칭해져 의빈 성씨로 불리게 된다. 하지만 오히려 덕임은 본인을 향한 정조의 사랑이 부담스러웠고 걱정이었다.

그동안 역사를 보면 궁중 여인들의 암투가 치열했고 심지어는 죽고 죽이는 끔찍한 사태도 빈번했다. 그러나 덕임은 달랐다. 정조의 정비 효의왕후를 지극히 모셨고, 효의왕후 또한 덕임을 많이 의지하며 지냈다. 자신 때문에 정조와 효의왕후 사이가 점점 멀어져가는 것이 마음에 쓰였다.

그래도 별수 있을까? 순정파 정조의 일편단심 그녀를 향한 마음을….

이후에도 덕임은 바로 임신하여 딸을 낳았지만 유감스럽게도 아이는 일찍이 생명을 잃는다. 정조는 큰 슬픔에 빠진 그녀를 위로하며 3살의 어린 원자를 세자로 책봉했고 그가 바로 문효세자였다.

아직 정비가 살아 있고 충분히 후사를 볼 수 있는 나이였다. 그럼에도 후궁의 자식을 세자로 책봉한 것은 정조가 진심으로 그녀만을 사랑했음을 의미했다.

이때까지 정말 정조에겐 꿈같고 행복한 나날이 가득했던 시기임에 틀림없다.

그러나 야속하게도 이 사랑은 해피엔딩이 되지 못했다.

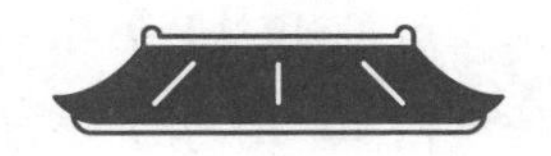

자신의 전부를 잃어버린 정조

때는 1786년, 왕실에서 엄청난 비극이 발생한다. 문효세자가 5살이 되던 해에 홍역에 걸려 갑작스럽게 죽게 된 것이다. 너무나도 귀하고 사랑하던 아들이 본인의 곁을 떠난 사실을 정조는 믿을 수 없었다. 목놓아 울며 아들의 죽음을 애통했다.

하지만 아들의 죽음에 더 큰 충격을 받은 이는 덕임이었다. 원래부터 마음이 여렸던 그녀는 정신적으로 큰 타격을 받았으며 하루도 빠짐없이 눈물로 나날을 지새워야 했다. 심지어 당시 덕임은 임신한 상태였기에 몸 상태마저 급격히 쇠약해졌다.

이런 상황에서 정조는 사랑하는 여인마저 떠나보낼 수 없었다. 항상 그녀 곁에 머물며 간호했고, 그녀에게 들여오는 약은 모두 직접 검열하며 그녀를 지켰다. 하지만 더욱 위중해진 덕임은 자신의 남은 날을 예상했는지, 정조에게 눈물을 흘리며 말했다.

"국가의 자손 번창 소망이 효의왕후가 아닌 천한 몸에서 나왔는데 병에 걸려 죽으니 이는 감당할 수 없는 재앙입니다. 이제부터 자주 효의왕후에게 거둥하시어 부지런히 대를 이을 아들을 바란다면 죽어도 여한이 없겠습니다."

결국 이 유언을 마지막으로 다음 날, 그녀는 만삭의 몸으로 생명을 잃는다. 죽기 직전까지도 진심을 다하여 왕실의 종사를 걱정한 덕임. 어찌 이런 현명한 그녀를 정조가 잊을 수 있을까?

정조는 사랑하는 덕임을 위해 직접 어제비문을 썼다. 후궁의 묘비에 직접 임금이 쓴 것은 유일한 일이었다. 그녀를 잃은 그의 고통과 슬픔은 이렇게 표현되어 있다.

> **"아! 너의 근본이 굳세어서 갖추고 이루어 빈궁이 되었거늘 어찌하여 죽어서 삶을 마치느냐?**
> **지금 이 상황이 참 슬프고, 애통하고, 불쌍하구나.**
> **평상시 화목하게 지냈건만 네가 나를 떠나 죽고 말았으니 너무 애달프고 슬프다.**
> **네가 다시 살아나서 이승으로 돌아오기를 기대한다.**

이 한 가지 그리움이 닿아서 네가 굳세게 이룬다면 네가 다시 이승으로 돌아와서 궁으로 올 것이다.
나아가 느끼면 매우 마음이 아프다.
너는 문효세자의 어머니다. 네가 임신을 해서 낳은 아이가 문효세자이며 내 후계자다.
세자는 이미 두 살 때 글을 깨우쳤다.
너의 근본이 단단해서 임신을 했는데 아이를 낳지 못하고 죽었다.
문효세자가 죽은 후 셋째가 되어 다시 우리 곁에 찾아올 줄 알았건만
하늘과 땅은 오히려 사이를 더 떨어뜨려 놓았다.
이로써 마음 한 가운데가 참 슬프고 애가 타며, 칼로 베는 것처럼 아프다.
사랑한다. 참으로 속이 탄다. 네가 죽고 나서 나와 헤어졌다. 나는 비로소 너의 죽음을 깨달았다.
어렵게 얻은 아들 문효세자를 하늘에 견주어 돌아오길 바랐으나 너는 멀리 떠났다.
나는 무릇 지나고 나서 깨달았다. 너를 데려올 방법이 없고, 다른 사람을 보내 물리칠 방법도 없다.
이로써 느끼니 참 슬프고 애달프다. 앞전에 겪은 일과 비교해도 비교할게 없을 만큼 슬프다.
나는 저승도 갈 수 없다. 너를 생각하면 애통하고 슬프

도다. 너는 진짜 이승을 떠나는구나.
사랑하는 너는 어질고, 아는 바가 많고, 총명하고, 슬기롭고, 밝고, 이치를 훤히 알고, 옳고, 예절을 아는 사람이다.
또 권세를 능히 삼가하고 도리를 지킬 줄 알고 나눌 줄 알았다.
너는 문효세자를 잃었을 때는 예를 다하며 울었고, 쉬지도 못했고, 눈물도 그치지 못했다.
나는 너의 뱃속에 있는 아기를 위해서 문효세자의 죽음을 슬퍼하는 네가 잘못될까 봐 걱정돼서 돌려보냈다.
그런데 너의 목숨은 어찌 이리 가느랗단 말이냐?
이제 나는 무릇 중요한 일을 접고 너의 장례를 치러서 살필 것이다.
문효세자의 옆에서 편히 쉬어라.
아들의 무덤에서 멀지 않게끔 아들과 어머니가 좌우에 있도록 할 것이다."

— 〈어제비문〉 중에서

17장

조선을 병들게 한 세도 정치

사랑하는 덕임과 자식들을 떠나보낸 정조는 4년 뒤, 다행히도 마지막 간택 후궁인 수빈 박씨에게서 아들을 한 명 볼 수 있었다. 하지만 아들이 11살이 되던 해인 1800년, 정조는 뜻을 다 이루지 못한 채 갑작스럽게 눈을 감게 되고, 다음으로 그의 아들이 '순조'로 즉위했다.

11살의 어린 나이로 즉위했기에 당시 왕실 최고 어른이었던 그의 증조할머니 정순왕후가 정사를 대신 돌보는 수렴청정을 실시했다. 그리고 1804년 순조가 15살 되던 해에 정순왕후는 물러나 숨을 거두게 되었고 순조가 직접 친정을 시작했다. 이때 어린 순조를 옆에서 보필할 인물이 등장한다. 김조순.

정조는 죽기 전 총애하던 김조순에게 부탁했다.

"내 아들을 잘 부탁한다."

신하들에게 신망이 두터웠던 김조순은 순조의 장인어른이기도 했다. 당시 정순왕후가 죽음으로써 그녀의 세력이자 정권을 장악했던 노론 벽파가 몰락하기 시작했다. 반면에 순조의 장인이었던 김조순은 어린 국왕을 옆에서 보필할 유일한 인물이었다. 그만큼 그가 속한 노론 시파의 세상이 도래한 것이다.

신중한 성격이었던 김조순은 언제나 낮은 자세로 처신했다. 높은 벼슬에 앉아 정국을 휘어잡을 수 있었음에도 그는 모두 사양하며 어린 국왕을 보필했다. 하지만 가장 큰 문제는 따로 있었다. 정권을 차지했던 벽파가 몰락하자 비워진 요직에 모두 김조순의 안동 김씨 일가가 차지하게 된 것이다. 그들을 견제할 그 어떠한 세력도 없었다. 이는 앞으로 조선을 병들고 썩게 할 세도 정치가 시작되었음을 의미했다.

사실 김조순이 살아 있을 때까지 안동 김씨의 폐단이 크게 드러나지 않았다. 실제로 순조의 옆에서 정국을 잘 이끌어가는 데 도움을 주었다. 하지만 순조는 선대왕이었던 영조와 정조처럼 정치에 큰 의욕을 가지고 있지 않았다.

무엇보다 그의 건강이 가장 큰 문제였다. 정조는 타고난 능력으로 오히려 신하들을 가르치며 왕권을 휘어잡았던 반면에 순조는 그럴 수 없었다.

결국 김조순이 죽고 2년 뒤 1834년, 순조마저 재위 34년 만에 숨을 거두게 됨으로써 세도 정치는 본격적으로 왕조를 박살내며 악랄한 부정부패를 일삼게 되었다.

역대 가장 어린 임금,
헌종

순조에게는 총명한 아들 효명세자가 있었다. 아픈 본인을 대신해 대리청정을 맡겼으며 모든 신하들이 기뻐하며 그의 대리청정을 반겼다. 하지만 그는 22세의 젊은 나이로 갑작스럽게 죽게 된다. 그리하여 순조 다음으로 효명세자의 아들 '헌종'이 왕위에 올랐다.

헌종은 역대 임금 중 가장 어린 8세의 나이로 즉위했다. 이때는 안동 김씨 가문의 부정부패가 날이 갈수록 심해지고 있었다. 이로 인한 백성들의 삶은 정말 엉망진창이었다.

우선 토지에 대해 매기는 세금인 전정에 있어 부패한 관리들은 백성들이 소유하지 않는 토지에 대해 억지로 세금을 거두어 많은 백성을 괴롭혔다.

두 번째로 남자들이 군대 가는 대신에 베로 짠 옷감인 군포를 내게 하는 군정에 있어서, 미친 관리들은 군역의 의무를 지지 않아도 되는 어린아이에게까지 군포를 내게 했다. 심지어 죽은 사람에게까지 군포를 걷었으니 그야말로 개판이었다.

마지막으로 백성들이 가장 괴로워했던 것은 바로 환정이었다. 가난한 농민에게 나라의 곡식을 꾸어주고 추수할 때 이자를 붙여 갚게 하는 것. 이는 굶주리는 백성들을 위해 만들어진 제도지만 조선 후기에 와서 관리들의 수탈 수단으로 변모했다. 관리들은 썩은 쌀, 겨가 섞인 쌀을 빌려주고 멀쩡한 쌀로 돌려받는 방식으로 백성을 수탈했고, 심지어는 빌려주지 않은 쌀을 갚게 하는 등 환곡 제도는 본래의 의미를 잃어버리고 백성을 수탈하는 방식으로 변질되었다.

이렇게 전정, 군정, 환정의 문란인 삼정의 문란이 심해질수록 백성들의 삶은 죽을 맛이었다. 세도 정치로 모든 실권을 장악한 안동 김씨에게 잘 봐달라며 뇌물을 바치고 높은 관직에 오르기 위해 탐관오리들은 이와 같은 방식으로 백성들을 괴롭혔다.

8살의 헌종은 당연히 아무런 힘이 없었으며 당시 안동 김씨와 풍양 조씨가 권력 다툼을 하던 시기였다.

조선 사회는 이후 병들어가기만 했고 헌종은 23세의 이른 나이에 요절한다.

농부에서 왕이 된 강화도령

헌종은 젊은 나이에 후사도 보지 못한 채 눈을 감았다. 그러므로 왕실에서는 다음 왕위 계승자를 선택하는 문제가 중요했다. 세도 정치 당시 조금이라도 똑똑한 왕족은 모두 역모로 몰려 죽임을 당했기 때문에 다음 후계자를 찾는 것은 하늘의 별따기였다.

그래도 왕실과 가장 가까운 혈통을 꾸역꾸역 찾아보니 강화도에서 농사짓는 이원범이라는 사내를 발견했다. 강화도령 이원범은 역적으로 몰려 가문이 몰락한 왕족의 후손이었고, 왕실의 법도에 대해서 제대로 알지도 못했다. 어리숙한 이원범은 안동 김씨의 눈에 왕으로서 제격이었다. 너무 똑똑하면 임금을 꼭두각시로 만드는 데 걸리적거릴 뿐, 정치에 문외한 농부야말로 다루기 쉬운 상대였다. 그리하여 헌종에 이어 다음 왕으로 강화도에서 농사짓고 있던 왕족 출신 이원범이 '철종'으로 즉위한다.

> **대왕대비가 하교하기를, "종사宗社의 부탁이 시급한데 영묘조英廟朝의 핏줄은 금상今上과 강화에 사는 이원범뿐이므로, 이를 종사의 부탁으로 삼으니, 곧 광壙의 셋째 아들이다." 하였다.**
>
> —《헌종실록》 16권, 헌종 15년 6월 6일 임신 14번째 기사

욕심을 멈출 줄 모르던 안동 김씨는 세도 정권을 전횡하기 위해 순조, 헌종과 마찬가지로 안동 김씨 가문의 딸을 철종의 아내로 삼았다. 철종 시기는 한마디로 세도 정치가 극에 달하는 최악의 막장 시기였다.

날이 갈수록 심각해지는 삼정의 문란은 백성들의 분노를 극에 치닫게 하기에 충분했다. 이전 순조 시기 때부터 참다못한 백성들이 일으킨 홍경래의 난을 시작으로 크고 작은 난들이 터져왔었다. 그리고 이젠 도저히 참을 수 없었던지 결국 철종 시기에 조선 역사상 가장 큰 규모의 민란인 임술농민봉기가 발생한다.

이에 철종은 삼정의 문란을 바로잡기 위한 개혁을 시도했다. 하지만 역시나 이를 철저하게 반대하던 세도가들의 방해 때문에 철종이 할 수 있는 것은 아무것도 없었다. 세도가를 뿌리 뽑을 힘도, 그를 지지해주는 세력도 전혀 없었기에 그들의 입맛대로 움직여야만 하는 허수아비 임금에 불과했다.

결국 철종은 집권 말기에 자신의 처지를 한탄하며 국정을 등한시했고 주색에만 몰두했다. 그러다 1864년 33세의 젊은 나이로 병에 걸려 숨을 거둔다.

한편 철종 또한 후사를 남기지 못한 채 세상을 떠나게 되자 다시 후계자 문제가 대두되었다. 이때 약 60년간 이어져온 세도 정치를 아니꼽게 지켜보던 한 남자가 등장한다. 이하응. 그는 왕족 출신으로 대단한 야심을 품은 인물이었다. 그동안 세도가의 눈을 피하기 위해 왕족임에도 불구하고 쌀을 꾸러 다니기도 하고 도박판을 들락거리며 야심이 없는 인물처럼 행세하고 다녔다. 하지만 그의 속내는 따로 있었다. 철종이 후사 없이 죽게 될 것을 예상한 그는 큰 야망을 품었다. 바로 자신의 아들을 왕으로 만드는 것이었다. 그러나 왕좌는 그렇게 호락호락하게 차지할 수 없다. 그는 세도가들의 의심을 피하기 위해 굴욕적인 행동을 서슴지 않아 했고, 자신의 뜻을 이뤄줄 지지 세력을 찾아야 했다. 그는 은밀하게 당시 왕실 최고 어른이었던 조대비에게 다가갔다. 조대비 역시 안동 김씨 세력을 견제하고 밀려난

풍양 조씨 세력을 부활시킬 방법을 찾는 중이었다.

결국 철종이 죽자 왕실 최고 어른으로서 차기 국왕을 선정할 권한을 갖게 된 조대비는 이하응의 둘째 아들을 선택한다. 그가 바로 조선 제 26대 왕 '고종'이었으며 이하응은 왕의 아버지, 대원군이라는 지위를 받아 흥선대원군이 된다.

이제부터 흥선대원군은 본색을 드러내 세도 정치를 뿌리 뽑는다.

흥선대원군의 시대

대원군은 12살의 어린 아들을 대신하여 실권을 장악했다.

그리고 그는 이렇게 말했다.

“세도 정치를 척결하고 민생 안정을 위해 개혁 정치를 하겠다!”

먼저 그는 안동 김씨의 아지트이자 실질적 힘이 나오는 비변사(조선 후기에 설치된 임시 기구였으나, 지나치게 권한이 커졌다)를 과감하게 폐지시켜버렸다.

이뿐만 아니었다. 그동안 백성들에게서 수탈을 일삼은 부패한 관리들을 모조리 갈아 엎고 당파와 가문과는 상관없이 인재를 등용했다.

사실 당대 백성들을 가장 고통스럽게 괴롭혔던 것 중 하나가 바로 서원이었다. 서원은 죽은 학자들의 제사를 지내고 학문을 가르치는 곳이었는데, 당시 국가에서 지원을 받고 있던 서원은 국가에서 토지를 하사받고 거기서 농사를 짓는 백성들에게 세금을 거둬 운영되었다.

서원은 하사받은 토지를 수탈하는 한편, 그만큼 세금이 부족해진 국가 재정은 거덜나고 있었다. 그동안 서원을 철폐하기 위해 많은 임금들이 노력했지만 당연히 유생들의 거센 반발로 번번이 실패해왔다.

하지만 흥선대원군은 달랐다. 이번에도 유생들의 반발이 심했지만 그는 개의치 않고 선언했다.

"실로 백성을 해하려는 자가 있다면 비록 공자가 다시 살아난다 하더라도 나는 용서하지 않겠다."

그렇게 전국 1,000여 곳의 서원 중 단 47개만 남기고 철폐하기에 이르렀다. 또한 조선에서 양반은 병역의 의무가 없어 군포를 내지 않았기 때문에 그 부담은 오로지 백성들만 지고 있었다. 흥선대원군은 호포제를 실시하여 양반한테까지 세금을 걷게 했다.

이처럼 세금을 내기 싫어하는 기득권층의 거센 반대로 실패해오던 많은 정책들을 흥선대원군은 거침없이 시행했고, 조선을 병들게 한 60년의 기나긴 안동 김씨의 세도 정치는 드디어 흥선대원군에 의해 막을 내리게 된다.

그렇게 조선은 암흑기를 지나 밝은 미래로 도약하는 듯 보였다. 하지만 본격적으로 조선은 후퇴하기 시작한다.

악순환의 고리를 끊었지만 외교의 문도 걸어 잠그다

세계정세는 빠르게 변하고 있었다. 주변국을 보면 청나라는 영국과 벌어진 아편전쟁에서 심하게 깨진 뒤, 서양 기술만 받아들이자는 양무운동이 벌어졌다. 또한 일본은 이미 19세기 전반에 미국에게 크게 저항도 못하고 강제 개항이 되었으며, 정신과 기술 모두를 바꾸자는 메이지 유신에 본격 착수했다. 이처럼 주변국은 모두 개항하여 빠르게 발전하고 있었다.

그러나 주변국들이 깨지는 모습을 보고 흥선대원군은 서양에 대해 그다지 좋은 인식을 갖지 않았다. 그렇기에 서양에서 들어온 통상 수교 요구를 군사적 침략으로 이어진다는 판단으로 거절해왔는데, 이런 와중 조선에서 하나의 큰 사건이 발생한다.

당시 러시아는 청나라 땅인 연해주를 차지했고, 조선과 국경을 접하게 되었다. 이를 본 흥선대원군은 러시아가 조선을 침략하는 것이 아닌지 걱정했다. 이때 그는 아주 기가 막힌 아이디어를 생각했다. 조선에 천주교를 전파하는 프랑스 천주교인들을 이용해 프랑스를 끌어들여 러시아를 견제하는 것이었다. 그리하여 그는 즉시 지방에 있는 선교사들을 부르게 되는데, 이때 양반들 사이에서 이런 얘기가 나돌기 시작했다.

"청나라가 천주교를 탄압하고 있다! 양반과 상놈이 평등하다는 헛소리를 지껄이는 천주교 놈들, 조상님 제사도 안 지내는 불효막심한 놈들. 그런데 흥선대원군이 이런 놈들이랑 접촉하고 있다!"

당시 양반들은 흥선대원군을 아니꼽게 보고 있었다. 지금까지는 걷지 않았던 세금을 걷고, 세력의 근거지였던 서원까지 대거 철폐했기 때문이다. 그렇기에 양반들에게 천주교는 흥선대원군을 압박할 수 있는 좋은 명분이 되었다. 조정에서 천주교를 금지시키자 위기를 느낀 대원군은 천주교 탄압을 결심하여 박해령을 내린다.

6년에 걸친 박해로 인해 프랑스 선교사 12명 중 9명과 천주교를 믿는 백성 8,000명이 목숨을 잃게 된다. 이 사건이 바로 병인박해(1866년)다. 이를 명분으로 프랑스가 조선을 침략하는 병인양요가 발생했고, 이때 강화도에 있는 조선 왕실의 귀중한 유물과 책들을 약탈당했다.

그리고 2년 후인 1868년, 독일 상인인 오페르트가 대원군 아버지의 묘를 도굴 시도하는 만행을 저지른다. 도저히 참을 수 없었던 흥선대원군은 서구 열강의 통상 요구에 쇄국 정책으로 맞섰다. 그러다 3년 후에 미국까지 쳐들어온 신미양요(1871년)까지 터지면서 흥선대원군은 전국 팔도에 척화비를 세우게 된다. 척화비엔 이렇게 적혀 있다.

서양 세력과 화해를 주장하는 것은 나라를 파는 것이다.

—〈척화비〉

대원군은 외교의 문을 자물쇠로 꽁꽁 잠가버렸고, 조선은 근대화가 될 기회를 놓치게 된다.

한편 이미 미국에 의해 강제 개항된 일본은 서양 문물을 받아들이며 메이지 유신을 성공했다. 정치, 경제, 사회가 매우 높은 수준으로 발전했다. 국력 또한 강해진 일본은 눈을 돌렸다.

"우리가 미국한테 당했던 방법 그대로 조선한테 써먹어야겠다."

앞으로 조선은 시대 흐름에 맞지 않았던 쇄국 정치의 대가를 치르게 된다.

18장

고종과 그의 아내, 중전 민씨

어느덧 시간이 흘러 고종은 20살이 되었지만 그는 아무것도 할 수 없었다. 조선을 꽉 잡고 있던 아버지 흥선대원군의 그늘에서 벗어나지 못했다. 법적으로 대원군이 집권할 정당성은 어디에도 찾을 수 없었지만 그의 권력욕은 상당했다.

그러던 어느 날 최익현이란 자가 흥선대원군을 비판하는 상소를 올렸다. 경복궁을 재건하느라 민생은 박살이 나고, 무리한 정책으로 정권을 휘두르는 흥선대원군이 도대체 무슨 명분으로 집권을 하고 있느냐는 내용이었다. 이에 흥선대원군은 당장이라도 최익현을 죽이고 싶었지만 고종은 오히려 고마움을 느꼈는지 그를 두둔했다.

조정 내 대원군의 하야를 요구하는 여론이 형성되었고, 이를 거부할 수 없었던 흥선대원군은 하야를 결정했다. 드디어 고종의 친정이 시작되었다. 그러나 이제부터 그 어디에도 볼 수 없었던 무능과 부패 정권이 탄생한다.

고종이 친정을 시작한 지 2년이 지난 1875년, 옆 섬나라에서 보낸 군함 운요호가 불법으로 강화도에 들어왔다. 저건 뭐하는 놈들이지 싶어 물러나라고 경고했지만 그들은 말을 듣지 않았고 전투가 벌어지는 지경에 이르렀다. 그러나 조선은 상대가 되지 않았다. 이미 근대화에 접어든 일본의 우세한 기술을 조선이 따라갈 수 없었다.

이 사건을 계기로 일본은 강제로 강화도조약을 비롯한 여러 조약을 체결하게 된다. 해양 측량권 허용, 일본인이 조선에서 무슨 짓을 하든 간섭할 수 없는 치외 법권을 인정, 일본 상품에 대한 무관세 등 일본이 과거 서양 제국에게 당했던 불평등한 조약을 그대로 조선과 맺기에 이른다.

조선은 이를 통해 세계 무대에 처음으로 등장하는 계기가 되었지만, 동시에 일본이 조선을 식민지로 만드는 첫걸음이기도 했다.

한편 아버지의 그늘에서 벗어났지만 고종은 권력을 쥐지 못했다. 아내 중전 민씨와 민씨 집안인 외척 세력에 의지하고 있었던 것이다. 고종은 아내 치마폭에서 아무것도 하지 못했고, 민씨는 신속하게 개화 정책을 가장한 거대한 자신의 밥그릇을 만들기 시작했다.

어찌 됐건 흥선대원군이 주장하는 퇴보 정책인 쇄국을 버리고 그에 반하는 개항 정책을 추진한 고종과 민씨. 근대화가 늦어진 만큼 조선에는 빠른 개화 정책이 필요했다. 이에 주도적으로 여러 정책을 실시하게 되는데 먼저 개화 정책 총괄기구인 통리기무아문을 설치했으며, 서양의 과학 기술 및 병기의 학습을 위해 유학생들을 파견했다. 또한 군사력 강화를 위해 일본의 후원을 통해 신식 군대인 별기군을 창설했다.

하지만 문제는 이 모든 것이 민씨 세력의 주도 하에 만들어졌다는 데에 있었다. 개화 정책이라고는 하지만 요직에 민씨 집안 세력들을 앉히고 근대화를 통한 이익을 독점했던 것이다.

이처럼 겨우 사라졌던 세도 정치가 다시 부활한다.

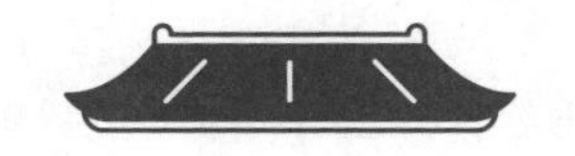

분노한 구식 군대의 임오군란

또다시 퇴보한 조선. 백성들의 원성은 이만저만이 아니었다. 그러거나 말거나 민씨는 부정부패에 점점 열을 올리기 시작했는데, 그러던 1882년 큰 부작용이 발생한다.

신식 군대인 별기군은 양반 자제들로 이루어져 있었다. 그들의 급료나 대우는 하층민으로 이루어진 구식 군대보다 훨씬 좋았고, 이러한 차별은 구식 군인들의 불만을 일으켰다. 특히 구식 군대는 13개월 동안 급료도 받지 못하며 굶주림 속에서 고통받아야 했다. 그러다 웬일로 정부가 봉급으로 쌀을 지급했는데… 옘병. 지급받아야 할 봉급의 절반도 되지 않았고, 그것도 모래와 함께 썩은 쌀이 들어 있었다. 당시 군인들의 급료를 지급했던 담당자 또한 민씨 세력이었고, 이에 도저히 참다못한 군인들은 민씨의 목을 따자며 반란을 일으키게 된다. 이것이 바로 임오군란이었다.

구식 군인들은 이렇게 외쳤다.

"흥선대원군의 재집권을 요구한다! 민씨의 목을 따자!"

일본 공사관을 습격하여 일본인들을 죽이고, 별기군들을 제압하고, 민씨 세력을 죽이는 등 상황은 엉망진창이 되어버렸다. 이 사태를 도저히 감당할 수 없었던 고종은 겁에 질린 얼굴로 말했다.

"아버지, 도와주세요!"

호시탐탐 재집권을 노리고 있었던 흥선대원군은 그렇게 다시 나타났다. 그는 며느리 민씨의 목을 따기 위해 샅샅이 뒤졌지만 아쉽게도 도망친 후였다. 흥선대원군은 죽지도 않은 민씨의 장례를 치러버리는 등 민씨 세력이 다시 정권에 등장하지 못하게 했고, 외세를 배격하고 유교 정신을 지키자는 위정척사파를 요직에 배치했다. 이전에도 그랬듯 외교의 문을 잠그기 위함이었다. 이후 통리기무아문 폐지, 별기군 폐지 등의 조치로 또다시 조선은 과거로 되돌아갔다.

하지만 흥선대원군은 재집권을 할 수 없었다. 목숨을 부지하기 위해 충청도까지 도망친 중전 민씨와 그 세력은 부들부들

떨며 청나라에 군대 파병을 요청한 상태였고, 얼마 있지 않아 도착한 청의 군대가 흥선대원군을 납치했다. 사실 이 모든 사건의 배후가 흥선대원군이었기 때문이다. 그렇게 대원군은 중국으로 끌려가 이를 갈며 3년간 조선 땅을 밟지도 못했다. 그리고 임오군란의 결과로 청나라는 조선에게 말했다.

"우리가 종속국인 너희를 우대해줄게. 청나라 상인들을 조선 전국에서 활동 가능하게 한다."

조선에 대한 종주권 강화를 위해 조청상민수륙무역장정을 체결한 것이다.

한편 이 모습을 지켜보던 일본은 '조선은 내 거야!'라며 주장했다.

"임오군란 때 우리도 피해봤으니까 배상금 지급해라. 그리고 조선에 우리 군대 주둔 허용은 당연한 거고 일본 상인들을 사실상 전국에서 활동 가능하게 한다."

이게 바로 제물포조약이다. 청과 일본은 본격적으로 조선에 대한 주도권 경쟁을 시작했다.

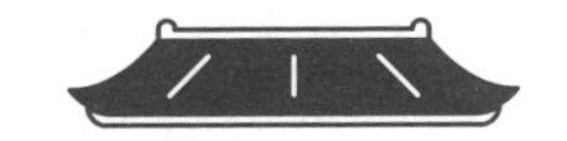

세상을 바꾸기 위한 쿠데타, 갑신정변

명줄이 길었던 민씨는 놀란 가슴을 진정시키고 다시 중전에 자리에 앉았다. 시아버지도 납치됐겠다, 이젠 눈엣가시도 다 사라졌기에 민씨의 권력 독점에 박차를 가했다.

한편 임오군란 이후 개화파는 개화 정책을 어떤 방식으로 추진할지에 대해 의견이 둘로 나뉘게 된다. 먼저 40~50대로 이루어진 온건 개화파는 이렇게 주장했다.

"조선의 법과 제도를 유지하면서 유교 사상을 바탕으로 청나라와 사대 관계를 유지하며 서양의 과학 기술만 도입하여 조선을 바꿉시다!"

동양의 도덕 윤리 지배 질서를 그대로 유지한 채 서양의 기술만을 받아들이자는 동도서기. 이와 반대로 20~30대의 비교적 젊은 나이의 급진 개화파는 말했다.

"청에 빌붙은 민씨 세력을 제거해야 한다. 그리고 조선을 자주적인 독립 국가로 만듭시다! 청나라와의 사대 관계를 종식시키고, 일본의 메이지 유신을 모델로 삼아 서양의 과학 기술뿐만 아니라 근대적인 사상과 제도까지 도입해야 합니다!"

당시 시대 상황을 보면 급진 개화파의 주장은 유교의 뿌리가 깊은 조선의 정서와 맞지 않았다. 당연하게도 민씨는 권력을 누리기 위해 온건 개화파와 손을 잡았고, 매우 신나게 부정부패를 즐겼다. 근대화를 이루기 위해서는 많은 돈이 필요했기에 민씨는 양반들의 주머니 사정에는 너그럽게, 백성들 사정에는 인색해 백성들에게서 세금을 수탈해 자금을 마련했다.

한편 메이지 유신으로 급변하는 일본을 두 눈으로 직접 본 대표 급진 개화파 4인방 김옥균, 홍영식, 박영효, 서재필은 울화통이 치밀었다. 1876년 일본에 의한 강제 개항 이후 9년이나 지난 현 상황에서 받아들여야 할 문물은 쏟아지는데 기껏해야 거르고 걸러 무기 수준에서나 수용하고 있으니 답답할 노릇이었다. 특히 민씨 집안과 탐관오리들의 부정부패가 심각했기에 조선은 답이 없다고 판단했다.

그때 마침 청나라가 프랑스와 전쟁을 시작했고, 조선에 주둔

한 청의 군대 5,000명 중 1,500명만 남기고 철수하는 상황이 발생했다. 이 와중에 일본 공사 다케조에란 인간이 급진 개화파에게 다가왔다.

"저기, 우리가 병력 빌려줄 테니까 정변을 일으키쇼. 지금 서울에 있는 청나라 병사들은 우리 일본 1개 중대 150명으로도 가뿐데쓰."

믿을 수 없는 일본의 호언장담에 급진 개화파들은 힘을 얻어 쿠데타를 결심한다. 그렇게 1884년 12월 4일, 갑신정변이 발발했다. 당시 조정에서는 고관들이 모여 우정국 개국 축하연을 열었고, 급진 개화파들은 축하연 자리를 순식간에 불바다로 만들어 반대 세력을 제거했다. 그리고는 창덕궁에 있는 고종과 민씨에게 거짓 보고를 올렸다.

"청의 군대가 쳐들어왔습니다. 대피하셔야 합니다!"

창덕궁은 크기가 매우 넓어 수비에 용이하지 않았으니 규모가 작은 경우궁으로 피했다. 그리고 일본 공사 다케조에가 이끄는 일본군 200명이 경우궁을 호위했다. 급진 개화파들은 신속하게 조선의 군사 지휘권자들과 권력의 핵심 실세들을 모조리 제거했고, 자신들이 요직에 올라 정권을 장악하게 된다.

그들은 곧바로 각국 공사관에 새로운 정부가 수립되었음을 알렸고, 신속하게 새로운 14개조 개혁안을 발표했다. 청나라에 잡혀 있는 흥선대원군을 송환, 청나라에 대한 조공 허례 폐지, 문벌 폐지, 인민 평등 권리를 세워 능력에 따라 관리를 임명 등 청나라의 간섭으로부터 벗어나 평등하고 자주적인 독립 국가를 위한 혁신적인 정강들이었다. 이처럼 근대화를 이루기 위한 급진 개화파들의 정변은 성공하는 듯 보였으나… 이미 뭔가 잘못되었음을 눈치챈 중전 민씨는 궁 밖에 있는 민씨 세력과 몰래 연락을 취했다. 정변이 일어났음을 알게 된 청나라는 민씨에게 진압 계획을 말해주었고, 이에 민씨는 비상한 머리를 굴렸다.

"거처가 좁으니 창덕궁으로 옮겨달라!"

청의 군대가 올 것이니 수비하기 어려운 창덕궁으로 옮기려는 그녀의 계략이었다. 끈질긴 요구에 이기지 못한 급진 개화파들은 별일이 있겠냐며 그녀의 거처를 창덕궁으로 옮겼고, 바로 다음 날 1,500명 되는 청의 병력이 창덕궁을 공격했다.

급진 개화파의 행동대원들은 격렬하게 싸웠지만 상대가 되지 않았다. 그리고 무엇보다 믿는 구석이었던 다케조에가 청의 병력이 올 때 재빨리 도망가고 없는 상태였다. 결국 갑신정변은 3일 천하로 막을 내리게 된다.

사실 갑신정변의 실패 원인은 명확했다. 500년간 이어져온 유교 사상의 근간에서 그들의 주장은 너무나 이상적이고 급진적이었으니 받아들이기 힘들었다. 또한 오직 청나라만을 배척하고 다른 외세 세력인 일본만 너무 믿고 의존하여 일으킨 정변이었다. 일본에게 뒤통수를 세게 맞을 줄은 예상치 못했던 것이다. 또한 당시 백성들은 일본인들을 무척이나 싫어했다. 갑신정변 직후 백성들은 일본 공사관에 불을 지르고 일본인들을 살해하는 지경이었으니 백성들의 지지를 받지 못한 것이다.

정변이 끝나자 일본은 한성조약을 체결해 다시 조선에게 말도 안 되는 내용을 요구했다.

"조선은 일본에게 사과하고 공사관 화재랑 정변 당시 죽었던 일본인들에 대한 피해 배상금 지급해라!"

또한 청의 간섭이 더욱 심화되었고 일본의 조선 침략이 본격화되었다. 조선을 갖기 위한 청, 일 두 나라의 쟁탈전이 격화된 것이다. 그리고 여기서 청과 일본은 텐진조약을 맺게 되는데 내용은 이러했다.

"우리 이제 조선에 발 빼자. 각자 군대 철수시키고 지들이 알아서 하게 두자. 그런데 만약에 조선에 군대 들여보내면 서로한테 알리고 보내는 거다."

다행스럽게도 양국 군대가 조선에서 철수하는 조약이 맺어졌다. 하지만 이는 앞으로 믿을 수 없는 결과로 되돌아온다.

세상을 바꾸기 위한 백성들의 봉기, 동학농민운동

1884년에 발생한 갑신정변 이후 10년 동안 큰 사건은 일어나지 않았다지만, 겉으로 보았을 때 그래 보였던 것일 뿐 안을 들여다보면 조선은 이미 병들다 못해 썩을 대로 썩은 상태였다. 그 원흉은 바로 중전 민씨, 민씨 세력이었다.

민씨와 고종은 청나라에게 빌붙는 친청 정책을 펼치며 온갖 부정부패를 악랄하게 즐겨왔다. 60년 간 이어져온 세도 정치를 흥선대원군이 척결했지만 다시 부활시킨 민씨였다. 대부분의 주요한 관직에 온통 민씨 일가들을 앉혔다. 이때에는 민씨라는 성을 가지고만 있어도 아무도 함부로 대하지 못했을 만큼 굉장한 세력이었다.

그녀의 사치 또한 상당했다. 흥선대원군이 10년 동안 쌓아놓은 국고를 단 1년 만에 탕진하는 기적의 클라스를 보여주었다. 그런데 도대체 이런 돈은 다 어디서 나왔나 보니 바로 백성들을 수탈해서 얻은 사치였던 것.

요직에 오른 민씨 일가들은 벼슬을 돈을 받고 파는 매관매직으로 막대한 부를 쌓았다. 관직을 사서 지방으로 내려가면 얼마 지나지 않아 돈을 더 바친 사람에게 관직을 뺏기는 일이 발생했다. 관직에 있는 사람은 민씨에게 뇌물을 바쳐야 했기에 백성들을 더 괴롭히고 수탈한 것이다. 이 모든 것이 민씨가 집권을 시작한 뒤 계속 이어졌다.

그리고 그 끝에 큰 비극이 터진다.

부패한 탐관오리들뿐 아니라 청과 일본의 쌀 수탈과 상업 침해로 조선 농민들의 삶은 지옥이나 다름없었다. 그래서인지 당시 조선 말기에는 '사람이 곧 하늘'이라는 만민평등 사상, 동학이 널리 퍼졌다.

갑신정변이 발생한 지 정확히 10년이 되던 1894년, 전라도 고부 지역에 정말 악질 중의 악질 탐관오리 조병갑이 등장한다. 그의 업적은 상당했다. 고부에서 군수로 재직 중에 농민들에게 강제로 세를 징수하고 부유한 농민을 잡아들인 다음 갖가지 죄

명을 씌워 재물을 강탈한 것도 모자라, 자신의 아버지 공덕비를 세운다면서 강제로 1,000여 냥을 거두었다. 더 나아가 농민들에게 저수지 만석보를 만들도록 명령했는데, 당연히 돈도 제대로 주지 않았고 심지어는 저수지를 사용할 때 말도 안 되는 세금을 내게 했다. 참을 만큼 참았다 생각한 농민들은 결국 봉기를 일으킨다. 이게 바로 녹두장군 전봉준을 필두로 발생한 동학농민운동의 시작이었다.

농민들은 저수지 만석보를 파괴하고 관아를 점령하여 억울하게 착취당한 세곡을 빈민에게 나누어주었다. 이 소식이 알려지자 당황한 조정에서는 조병갑의 처벌을 약속하고 고부의 신임 군수를 임명하여 농민들을 타일러 스스로 해산하게 했다. 여기까진 좋았는데… 이 사건을 조사하기 위해 조정에서 보낸 안핵사 이용태가 내려와서는 대뜸 말했다.

"이건 다 저 동학 교도들의 탓이다!"

그러고는 민란 관련자들을 심하게 탄압했고, 여기서부터 사달이 나기 시작했다.

도저히 말로는 안 된다는 것을 깨달은 녹두장군 전봉준은 각 지역에 통문을 보내 무장된 농민들과 함께 다시 봉기를 일으켰다. 무장했다고는 하지만 사실 훈련도 제대로 받은 적 없는 일반 농민군들이었다. 그런데 어처구니없게도 농민군들은 조정의 관군을 손쉽게 제압한다. 그만큼 정부는 농민들을 누를 능력도, 제대로 된 군인들도 없을 만큼 망가진 상태였음을 의미했다. 그렇게 동학농민군들은 파죽지세로 전라도 최대 도시였던 전주성을 점령했다. 사실 농민들이 원한 것은 그리 어려운 사항이 아니었다. 신분 철폐, 토지 개혁, 조세 개혁. 사람답게 사는 것. 단지 그뿐이었다.

이 소식에 깜짝 놀라 고종과 민씨가 민중들을 달래주고 불만과 요구를 들어주기 위해 귀를 기울이는 기적은 없었다. 그들은 간곡히 외쳤다.

"청나라, 도와주세요!"

사실 기득권층에게 있어 농민들이 고통 받고 못 살아야 자신들이 잘 먹고 잘 살 수 있었으니 농민들의 요구는 죽어도 들어줄 수 없었다. 그리하여 청의 군대가 조선에 들어온다. 그리고 갑신정변 때 청과 일본이 맺었던 군대 철수 톈진조약을 구실로 일본군도 조선에 파병되었다.

일본까지 들어오자 정부는 뭔가 잘못됐다는 생각이 들었다. 정신차려보니 주변국의 군대가 모두 들어온 것이다. 정부는 다급하게 동학농민군들에게 화해의 손을 내밀었고, 전주 화약을 맺고 나서야 일단락되는 듯 보였다. 그러나 이미 엎질러진 물이었다.

농민들은 모두 해산했으니 정부는 양국의 군대를 철수해달라고 요청했다. 청은 순순히 철수하려는데 갑자기 일본은 철병 요구를 거절하고 불법으로 경복궁을 점령했다. 사실 일본은 조선을 지배하기 위해 치밀하게 전쟁 준비를 하고 있었다. 일본군은 조선에 들어와 있던 청나라 군대를 기습하여 전쟁을 일으켰다. 놀랍게도 조선의 공식 요청으로 철수해 있던 청일 두 나라가 친히 조선에 들어와서 청일전쟁까지 발발하는 지경에 이른 것이다. 그리고 전쟁의 승기는 일본이 잡게 된다.

사실상 청나라까지 제압한 일본은 조선 내정 간섭에 앞서 개혁을 실시했다. 신분제 폐지, 과부의 재혼 허용, 과거제 폐지 등 이러한 그들의 행보에는 악랄한 의도가 숨어 있었지만 갑신정변, 동학농민운동이 바란 요구들이 이루어진 갑오개혁이었다. 하지만 이 모든 것을 지켜보고 있던 이들이 있었으니, 동학농민군.

아무리 민씨 세력의 목을 따고 싶어도 조선에 외세 세력이 침입하는 것을 용납할 수 없었다. 사람답게 사는 요구는 일본에게 바란 것이 아니었다.

결국 녹두장군 전봉준을 중심으로 동학 농민들은 개혁이 아닌 일본과의 항쟁을 목적으로 다시 대규모 봉기를 일으키게 된다. 그런데 정세는 아이러니하게도 '동학농민군 vs 조선 관군, 일본군의 연합군'이었다. 엉망진창 그 자체.

치열한 전투가 벌어졌지만 신식 무기로 무장한 일본군에게는 상대가 되지 않았다. 학살이나 다름없는 처참한 희생이 벌어지고, 전봉준 또한 붙잡히게 된다. 그가 사형당하기 전, 왜 난을 일으켰냐는 물음에 그는 대답했다.

"어찌하여 날 보고 난을 일으켰다 하느냐? 작란을 하는 것은 바로 왜놈에게 나라를 팔아먹고도 끄떡없는 부패한 너희 고관들이 아니냐? 일어난 것은 난이 아니라 백성의 원성이다. 민병을 일으킨 것은 기울어져가는 나라를 구하고자 함이요, 백성의 삶에서 폭력을 제거코자 했을 따름이다."

위로부터의 개혁은 불가능했기에 반봉건적, 반외세를 외치며 아래로부터의 개혁을 꿈꾼 동학농민운동. 이는 이후 농민들에게 큰 영향을 준 대규모 민중 운동이었다.

그러나 한편으론 일본이 청으로부터 완전한 승리를 하게 되고, 1894년 갑오년은 끝내 일본의 조선을 향한 야망이 이루어지는 해가 되었다.

19장

500년
조선 왕조의 최후

1895년 청일전쟁에서 일본은 완전히 승리했다. 그리고 승리의 대가로 청은 일본에게 요동반도와 배상금을 지불하는 굴욕의 시모노세키조약을 체결했다. 야망 높은 일본의 입장에서 드디어 대륙 진출의 꿈을 실현시킨 것이었다.

하지만 기쁨도 잠시뿐, 당시 국제 깡패 러시아는 이를 아니꼽게 지켜보고 있었다. 시베리아 횡단철도를 건설하여 동아시아로 진출하기 위해선 겨울에도 바다가 얼지 않는 항구 즉, 요동반도가 꼭 필요했다. 그리하여 러시아는 독일, 프랑스를 끌어들여 일본에게 말했다.

"일본, 네가 요동반도 차지하면 동아시아 개판 되니깐 꺼져."

삼국 간섭이 벌어지자 일본은 겁에 질렸다. 이미 미국한테 세게 맞아본 트라우마가 있고, 러시아와 싸우면 진다는 것을 알아 깨갱하고 요동반도를 돌려줄 수밖에 없었다. 굴욕을 맛본 일본은 결국 모든 것은 국력의 문제로 귀착됨을 깨달았다. 그리고 복수의 칼날을 갈며 러시아와 한판 붙을 치밀한 준비를 시작했다.

그리고 이 모든 상황을 지켜보고 있던 한 사람, 바로 조선의 중전 민씨는 큰 깨달음을 얻었다.

"그 대단한 청나라도 이긴 일본이 러시아한테 찍소리도 못한다고? 아, 이제 빌붙을 곳은 러시아구나."

그동안 민씨는 이 나라의 힘을 빌려 저 나라를 제어한다는 이이제이 정책을 사용했다. 임오군란 때 청나라를 끌어들이고,

갑신정변 때도 청나라를 끌어들이고, 동학농민운동 때도 청, 일본을 끌어들여 농민들을 학살하는 모습을 보였다. 그리고 이번에는 일본의 내정 간섭이 심해지자 본격적으로 일본을 견제하기 위해 친러파의 노선을 걷게 된다. 오로지 자신의 권력만을 위해서.

그리하여 조정에는 친일 성향의 관료들이 축출되고 이완용을 중심으로 한 친러 성향의 관료들이 중용됐다. 정세가 이렇게 흘러가자 일본은 다급해졌다. 1876년 강화도조약을 시작으로 20년간 조선을 먹기 위해 그토록 공을 들였는데 조선만큼은 러시아한테도, 그 누구에게도 뺏길 수 없었다. 조선 침략을 방해하는 민씨를 가만히 둘 수 없었던 것이다.

"저 여우를 죽여야겠다."

일본은 한 나라의 왕비를 시해할 음모를 꾸민다.

왕비가 시해되다, 을미사변

민씨만 없으면 되겠다 생각한 일본은 치밀하게 계획했다. 당시 조선의 백성들은 민씨와 그 세력을 극도로 증오했고, 시아버지인 흥선대원군 또한 민씨 세력을 경멸하다 못해 죽이려는 시도를 해왔다. 그들은 이것을 이용했다.

"시해는 일본 낭인들이 맡고, 외관상 흥선대원군과 조선인 훈련대 반란으로 꾸민다."

시해 작전을 주도한 주체는 일본 내각 총리대신 이토 히로부미와 주한일본공사 미우라 고로와 이노우에 가오루였다. 이 외에도 도쿄제국대학교 출신의 극우 엘리트 학생들과 대규모 일본군 등 많은 이들이 포함됐다. 낭인들은 일본 깡패들로 구성되었다. 이는 일이 잘못되더라도 일본 정부와는 무관한 일로 발뺌하기 위한 속셈이었다.

그렇게 1895년 10월 8일, 그들은 거사를 치르게 된다.

작전명 여우사냥. 계획대로라면 새벽 일찍 일이 진행되어야 했다. 또한 책임을 뒤집어씌우기 위해 흥선대원군이 입궐해야 하는데 늦장을 부렸는지 오기 싫었는지 대원군이 뒤늦게 나타났고, 결국 날이 밝아질 5시쯤에야 작전이 시작되었다.

일본 공사관 수비대와 조선인 협력자들이 이끄는 훈련대 병력은 일본 낭인들과 함께 경복궁으로 돌격했다. 입구를 지키고 있던 미국인 지휘관 윌리엄 다이의 300여 명 되는 경비대는 그들을 당해내지 못했다. 그렇게 낭인들은 조선인 길 안내자들의 도움으로 수월하게 경복궁으로 들어갈 수 있었다.

고종이 있는 곳까지 들어온 그들은 칼날을 휘두르며 민씨가 어디 있냐며 고종을 위협했다. 고종 옆에서 권총을 난발하며 궁녀들을 가혹하게 폭행했고, 고함을 지르며 고종을 주저앉히는 무례함은 시작에 불과했다. 고종의 아들은 다른 방에서 머리채가 휘둘리며 얻어맞는 처참한 상황이었다.

아무리 찾아도 민씨가 없자 그들은 경복궁 북쪽인 건청궁으로 돌진했다. 이들을 제지하려는 경비대원들도 있었지만 무참하게 사살됐다. 결국 민씨가 숨어 있던 건청궁 곤녕합 옥호루까지 진격한 그들. 이때 흥선대원군과 조선인 훈련대는 시해에 가담하지 않고 지켜만 보게 된다.

낭인들은 민씨의 포위망을 좁혀갔다. 궁녀들의 머리채를 잡아 민씨가 어디 있냐며 고함을 치고 폭행을 가했다. 조선인 협력자들은 궁녀들을 일일이 확인했고, 결국 궁녀의 복장으로 숨어 있던 민씨를 찾아냈다. 그녀의 마지막은 일본의 정식 보고서인 에조 보고서에 기록되어 있다.

> **특히 무리들은 안으로 깊숙이 들어가 왕비를 끌어내어 두세 군데 칼로 상처를 입혔다. 나아가 왕비를 발가벗긴 후 국부 검사를 하였다. 그러고는 마지막으로 기름을 부어 소실시키는 등 차마 이를 글로 옮기기조차 어렵도다. 그 외에 궁내부 대신을 참혹한 방법으로 살해했다.**
>
> —〈에조 보고서〉 중에서

그들은 그녀를 시해하기에 앞서 능욕했다고 전해진다. 그녀가 제발 살려달라고 애걸했으나 낭인들이 칼로 내려쳤다는 증언도 존재한다. 그녀의 시신은 이불에 덮어져 불태워졌으며 민씨는 43세의 나이로 처참한 죽음을 맞게 된다.

을미년에 일어난 이 사건이 바로 을미사변이다.

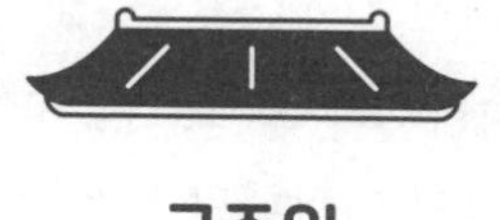

고종의 아관파천

조선의 최고 권력자 중전 민씨가 살해되었다. 아내가 죽을 때 아무것도 할 수 없었던 고종은 큰 충격에 빠졌다. 그래도 그는 조선의 임금이었다. 이리저리 치이는 혼란스러운 상황에서도 그에겐 지도자로서 백성과 나라를 책임져야 할 의무가 남아 있었다.

사실 집권한 지 32년 동안 막말로 아내 치마폭에 있으면서 아무것도 한 것이 없는 고종은 드디어 처음으로 홀로 정치를 시작하게 됐다. 그렇게 시작된 그의 첫 정치적 행동은 바로….

"궁을 버리고 러시아 공사관으로 피신한다!"

병신년에 일어난 이 사건이 바로 아관파천이다. 어쩌면 고종으로선 최선의 선택이었을지 모른다. 아내가 눈앞에서 일본 낭인들에 의해 처참하게 죽었고 본인 또한 언제 암살당할지 모른다는 두려움에 도피를 택한 그였다.

실제로 러시아 공사관에서 고종을 암살하려는 시도가 있었다. 커피를 한 사발로 마시기를 즐긴 고종은 여느 날과 같이 커피를 마시는 와중에 맛이 이상하다 느껴 바로 뱉어버렸다. 누군가 커피에 독을 탄 것이었다. 유감스럽게도 그의 아들 순종은 원샷을 때려버렸고 이가 다 빠지고 혈변을 누게 되는 불상사가 벌어졌다. 이처럼 그의 목숨을 노리는 자들이 도처에 즐비했다.

또한 아관파천은 아내의 정책인 이이제이 즉, 외세를 끌어들여 외세를 견제하는 방법을 이용한 것이다. 실제로 아관파천 이후 일본의 세력이 잠시나마 약해지는 결과를 얻을 수 있었다.

하지만 늘 그래왔듯이 정권을 유지하기 위해 외세를 끌어들인 대가는 톡톡히 치러야 했다. 이때 많은 열강들이 조선의 이권 침탈을 마구잡이로 시작했다. 러시아가 괜히 도와줬을까? 그들은 요구했다.

"나무를 우리 마음대로 베어갈 수 있게 하는 산림 채벌권을 우리한테 넘겨라."

그리고 여기서 조선이 열강들과 맺었던 최혜국 대우 조항 즉, 어느 나라가 좋은 혜택을 받으면 다른 나라들도 동등하게 대우를 받는다는 이 말도 안 되는 조항으로 미국이 금을 마음대로 캘 수 있는 금광채굴권을 가져갔다. 물론 일본도 철도부설권을 획득했다. 아주 그냥 남길 것 없이 싹 빼앗아가버렸다.

아관파천은 일본의 침략이 일시적으로나마 지연되긴 했지만 조선의 자주성과 국력은 박살나게 되면서 열강의 경제적 침략이 심화되었음을 의미했다. 당연히 국가의 재정은 손쓸 수 없게 되었고, 가뜩이나 힘들었던 조선의 백성들은 어떻게 버틸 수 있을지 가늠조차 안 될 만큼 가혹한 삶을 살아가야 했다.

한편 과거 갑신정변을 일으켰던 서재필은 미국에서 돌아와 독립신문을 창간했다. 그동안 개혁을 위한 모든 정변과 운동이 실패로 돌아갔으며 이권 침탈이 절정에 치닫게 된 조선을 보며 서재필은 생각했다.

'조선을 자주적인 국가로 만들기 위해선 먼저 수많은 무지한 백성들을 깨우쳐야 한다.'

그리하여 민중 계몽 운동을 위해 독립신문을 발간했으며 조선의 자주독립과 부패 정치 척결, 내정 개혁, 민중의 참정권과 민권 운동을 위해 1896년 7월 최초 근대적인 사회단체인 독립협회를 설립했다.

독립협회가 봤을 때 고종의 아관파천은 정말 답이 없어 보였다. 그동안 외세의 힘을 빌려 그렇게 치욕을 당하고도 아직까지 정신 못 차리고 이어가는 외세 의존 자세를 도저히 눈뜨고 못 볼 지경이었다. 그래서 여러 차례 고종의 환궁을 요구했고, 결국 여론이 나쁜 쪽으로 기울자 드디어 1년 만인 1897년에 궁으로 복귀했다. 그런데 느닷없이 고종이 선포했다.

"아! 나는 황제다! 조선이란 국호를 버리고 대한제국을 선포한다!"

뜬금없이 새로운 대한제국의 시대가 열린 것이다. 그래서 고종은 고종 '황제'가 되었으며 중전 민씨가 사후에 '명성황후'로 불리게 된 이유이기도 했다.

뜬금없는 대한제국 선포,
마지막 기회

당시 일본도 일본이지만 러시아가 친러파들을 이용하여 내정을 간섭하고 이권 침탈을 본격화하기 시작했다. 언제나 두들겨 맞기만 했던 조선이었지만 놀랍게도 이때 역사상 한 번도 본 적 없었던 일이 발생한다.

열강들 중 하나인 러시아는 석탄 창고 설치를 목적으로 부산의 절영도 지역을 빌려달라고 요청했다. 이것이 바로 '절영도 조차 사건'.

고종 정부는 이를 허락했는데 독립협회는 이에 심히 반발했다. 독립협회는 백성들 누구나 자기 의견을 주장할 수 있는 만민공동회를 개최하여 민중들과 함께 강하게 비판하며 저항하고, 결국 러시아는 절영도 조차 요구를 철회했다. 더 나아가 러시아 군사 교련단과 재정 고문 철수, 한 · 러 은행 폐쇄 등 언제나 정부는 외세가 요구하면 아무 말 못하고 아부떨기 바빴지만 놀랍게도 이번엔 백성들의 힘으로 막아낸 것이었다.

러시아에 의존하고 있었던 고종은 심기가 불편해져 서재필을 추방하긴 했지만 그래도 독립협회와 만민공동회를 꽤나 적극적으로 호응을 해줬다. 덕분에 힘을 얻은 민중들은 만민공동회에서 관료들까지 참여하는 관민공동회를 개최하기에 이르렀다.

1898년 10월 29일. 종로에서 최대 규모의 집회로 열린 관민공동회. 정부 대신들을 포함해 지식인, 학생, 상인, 종교인, 기생, 백정 등 신분과는 상관없이 대규모로 모였다. 그리고 이때 한 남자가 개막 연설을 시작했다.

"저는 대한에서 가장 천하고 무식한 사람입니다. 하지만 나라가 이롭고 백성이 평안한 길은 관민이 합심해야 가능하다고 생각합니다. 엎드려 바라건대 관민이 합심하여 우리 대황제의 성덕에 보답하고 국운이 만만년 이어지도록 하게 합시다."

이 연설을 한 남자는 바로 백정 출신 박성춘이었다. 이는 신분과 상관없이 모두가 평등하게 목소리를 내며 근대적 민주주의가 싹트고 있음을 의미했다. 그리고 이날 회의에서 6개조의 개혁안, 헌의 6조를 결의했다.

1. 외국인에게 의지하지 말고 관민이 한마음으로 힘을 합하여 전제 황권을 견고하게 할 것
2. 외국과의 이권에 관한 조약은 각 대신과 중추원 의장이 합동 날인하여 시행할 것
3. 국가 재정을 탁지부에서 전관하고 예산과 결산을 국민에게 공포할 것
4. 중대 범죄를 공판하되 피고의 인권을 존중할 것
5. 칙임관을 임명할 때는 정부의 자문을 받아 다수의 의견에 따를 것
6. 정해진 규칙을 실천할 것

—〈헌의 6조〉 중에서

이에 더해 오늘날 의회와 같은 중추원 관제 건립을 승인받는다. 드디어 이리저리 치이고 굴욕만 겪던 조선이 대한제국으로 들어와 근대화를 화끈하게 일으키고 있었던 것이다.

하지만 역시나 웬일로 잘나간다 했다. 고종도 동의한 개혁안과 의회설치였지만 큰 문제가 발생하게 되는데, 바로 기존의 기득권층이 문제였다.

"아니, 의회를 설립하면 우리 권력은 어떻게 되는 거지?"

사실 실제로 독립협회의 힘이 매우 강해지고 있었고 수구파 즉, 변화를 싫어하고 기존의 것을 고수하려는 이 집단에게 헌의 6조는 본인들의 권력을 행사할 수 없는 개혁적인 정강들이었다.

죽어도 권력을 빼앗기기 싫었던 이들은 모함을 선택하게 된다.

"독립협회가 임금이 존재하지 않는 공화정을 하려 한다!"

"고종 황제를 폐위시키고 대통령을 세우려고 한다!"

익명서가 거리에 나돌았고 이에 깜짝 놀란 고종은 유감스럽게도 협회라고 이름 지은 것은 모두 없애버리라는 명을 내렸다. 고종 또한 권력욕만큼은 뒤처지지 않았다. 이에 민중들은 강력하게 항의하기 위해 만민공동회가 열렸지만 안타깝게도 군대까지 동원해 만민공동회를 강제 해산시켜 버렸다.

어쩌면 마지막 기회일 수 있었던 만민공동회의 운동은 그렇게 실패로 끝이 났다.

위로부터의 개혁인 갑신정변, 아래로부터 개혁인 동학농민운동, 위와 아래 모두가 함께 하는 개혁인 만민공동회.

아쉽게도 아무것도 이루어진 게 없는 당시 상황에서 이제 조선은 마지막을 향해 가고 있었다.

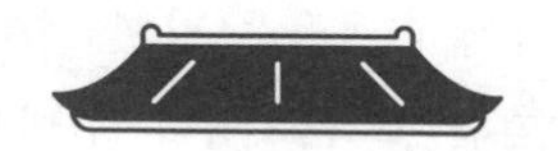

조선의 멸망과
또 다른 고통의 시작

독립협회와 만민공동회는 근대적인 민주주의를 위한 운동이었다. 그들의 노력처럼 민중들에게 국가의 주권이 있다는 것을 받아들이고 의회를 설립했다면 한 나라의 어떠한 이권도 쉽게 빼앗길 수 없었다. 하지만 고종과 기존 기득권층은 이를 거부했고 본인들의 정권 유지만을 위해 전형적인 전근대적 전제주의를 선택했다. 이는 즉, 대한제국의 주권은 국민이 아닌 고종 한 사람에게 있다는 것을 의미했다. 그리고 여기서 모든 결정권이 한 사람에게 갔을 때 위기 상황에 놓인 국가는 어떠한 결과를 겪는지 보게 된다.

한반도에는 러시아와 일본의 세력이 균형을 이루고 있었다. 하지만 이러한 외세의 균형이 깨지는 것은 시간문제에 불과했다.

1902년 러시아를 견제하던 영국은 일본과 동맹을 맺었다. 그리고 2년 후인 1904년 일본은 러시아에게 전쟁을 선포했다. 삼국간섭으로 러시아에게 굴욕을 당한 적이 있던 일본은 정확히 10년 만에 힘을 키워 공격을 했다. 한반도를 차지하기 위한 그들의 치열한 싸움이 시작된 것이다.

이때 고종은 이 전쟁에서 중립국임을 강력히 선언했다. 하지만 중립도 힘이 있어야 가능한 것이었다. 고종이 그러거나 말거나 일본은 콧방귀도 안 뀌고 조약을 체결했다.

> **조선은 일본이 필요할 때마다 땅 즉, 군용지를 마음껏 쓸 수 있다.**
>
> —〈한일의정서〉 중에서

결국 조선의 철도, 군사 기지 등 수많은 토지를 강탈당하는 치욕을 가만히 지켜볼 수밖에 없었다. 그리고 대망의 러일전쟁은 러시아를 견제하던 미국과 영국이 일본을 도와주었고, 전쟁은 일본의 승리로 돌아갔다. 힘겹게 승리한 일본은 드디어 1905년 한반도의 주도권을 차지하게 되었다.

그러나 일본은 여기서 바로 조선을 삼키지 않았다. 과거 청일전쟁에서 승리했던 일본이 강대국들의 간섭에 요동 반도를 되돌려주는 굴욕을 맛보았다. 이번에는 차질이 생기지 않기 위해 치밀한 계획을 세웠다. 그렇게 조심스럽게 미국에게 다가가 가쓰라-태프트 밀약을 맺는다.

> **일본의 조선 지배와 미국의 필리핀 지배를 서로 묵인한다.**
>
> —〈가쓰라-태프트 밀약〉 중에서

그다음으로 일본은 영국과 2차 영일동맹을 추진하면서 영국은 인도를, 일본은 조선을 지배할 것을 인정했다. 이젠 일본을 방해할 그 어느 나라도 없게 되었다. 남은 것은 조선을 식민지로 만드는 것뿐이었다.

1905년 11월, 한반도에 도착한 일본의 이토 히로부미. 그는 먼저 고종을 위협하며 한일 협약안을 강압적으로 체결하려 했다. 대한제국은 고종의 것이기에 고종만 도장을 찍으면 간단히 해결되는 일이었다. 고종은 끝까지 조약 승인을 거부했다. 사실 거부하긴 했지만 조정의 대신들에게 결정을 위임한 상태였다.

고종 대신에 이 조약에 찬성한 조선의 신하 5인, 농상대신 권중현, 외부대신 박제순, 군부대신 이근택, 내부대신 이지용, 학부대신 이완용. 이들에 의해 을사조약이 체결되고 나라를 판 이들을 을사오적이라고 부른다.

비록 고종이 도장을 찍지 않았지만 단지 도장을 주지 않았다고 책임을 면할 수 있을까? 을사조약으로 조선은 외교권을 빼앗졌다. 다른 나라들과 대화할 수 있는 자격이 일본에게 있음을 의미했다. 또한 본격적으로 일본은 한반도를 통치하기 위해 조선 통감부를 설치했고 초대 통감은 이토 히로부미가 오르게 된다.

한편 고종은 본인이 직접 도장을 찍지 않았기 때문에 을사조약을 인정할 수 없었다. 그래서 이 부당함을 세계에 알리기 위해 네덜란드 헤이그에서 열리는 만국평화회의에 3명의 특사를 파견했다. 일명 헤이그특사. 하지만 이미 다 짜인 판이었다. 열강은 일본의 조선 지배를 인정한 상태였고, 헤이그특사 3인방은 회의장에 발조차 들이지 못했다.

파견 사실을 알게 된 조선 통감 이토 히로부미는 심히 분노했다. 외교권도 없는 주제에 마음대로 행동하는 고종이 괘씸했다. 그는 이완용을 불러다 질책한 뒤 고종의 퇴위를 강요했다. 1907년 7월, 고종은 답답할 정도로 아무 힘없이 물러나게 되고 그의 아들이 그 뒤를 이어 '순종'으로 즉위한다.

허수아비에 불과한 순종이 즉위한 직후 이토는 이완용의 협조로 정미 7조약을 맺어 조선의 행정권을 빼앗고 군대마저 해산시켜버렸다. 이러한 사실이 전국에 알려지자 분노한 민중들은 무장봉기를 일으켰다. 꽤나 큰 의병 활동이 벌어지자 이토는 결심했다.

'조선을 병합하기 전에 의병 세력의 뿌리를 완전히 제거해야 한다.'

정말 극악무도한 진압이 실시되었고, 이때 살아남은 의병 세력은 만주로 빠져나와 후에 독립 활동을 이어간다.

그리고 2년 뒤 1909년 7월, 이완용에 의해 조선의 사법권을 일본이 가져간다는 내용의 기유각서가 체결되었고, 다음 해인 1910년 8월 29일엔 이완용은 일본과 한일병합조약에 서명했다.

이로써 공식적으로 조선 즉, 대한제국의 주권은 일본으로 넘어가게 되었다. 태조 이성계가 건국한 조선은 518년 만에 멸망하게 된 것이다.

앞으로 35년이라는 긴 시간 동안 일제의 치하에 놓인 채 큰 슬픔과 고통의 암흑기인 일제강점기가 시작된다.

어쩌면 당신이 원했던

조선 갈등사

펴낸날 초판 1쇄 2023년 10월 25일
5쇄 2024년 6월 7일

지은이 신정훈
감수자 김선우

펴낸이 강진수
편 집 김은숙, 설윤경

인 쇄 (주)사피엔스컬쳐

펴낸곳 (주)북스고 **출판등록** 제2017-000136호 2017년 11월 23일

주 소 서울시 중구 서소문로 116 유원빌딩 1511호
전 화 (02) 6403-0042 **팩 스** (02) 6499-1053

ISBN 979-11-89612-94-8 03910